Elejn Pejgels
Karen L. King
ČITANJE JUDE

Kolekcija
PEČAT

Urednik
JOVICA AĆIN

Na koricama
Đoto, *Poljubac Jude* (detalj)

ELEJN PEJGELS
KAREN L. KING

ČITANJE JUDE

Jevanđelje po Judi i oblikovanje hrišćanstva

S engleskog preveo
MILAN MILETIĆ

RAD

Izvornik

Elaine Pagels and Karen L. King
READING JUDAS
The Gospel of Judas and Shaping of Christianity

ČITANJE JUDE

Lin i Normanu Liru
za divno prijateljstvo

— E. P.

i

Normanu S. Kluliju
uz najtopliju zahvalnost
za njegovu bezrezervnu ljubav i podršku

— K. L. K.

SADRŽAJ

Uvod 11

Prvi deo
Čitanje Jude, *od Elejn Pejgels i Karen L. King*

   Prvo poglavlje: Juda: Izdajnik ili učenik ljubljeni? .. 29
   Drugo poglavlje: Juda i Dvanaestorica 63
   Treće poglavlje: Žrtvovanje i život u Duhu 92
   Četvrto poglavlje: Misterije carstva 111
   Zaključak 136

Drugi deo
Jevanđelje po Judi, *od Karen L. King*

   Prevod Jevanđelja po Judi 147
   Komentari uz prevod 163
   Indeks unakrsnih referenci 225

Napomene 227

UVOD

Tokom više od jedne decenije osluškivali smo glasine o tome da je pronađeno čuveno jevanđelje pripisano Judi. U aprilu 2006, Nacionalno geografsko društvo najzad je obelodanilo ovo arheološko otkriće. Sada znamo da je, u izvesnom trenutku tokom sedamdesetih godina prošlog veka, prepis *Jevanđelja po Judi,* prevod na koptski sa grčkog izvornika iz drugog veka, pronađen u Srednjem Egiptu, u blizini Al Minje. Govorkalo se da su seljaci slučajno nabasali na grobnicu u kojoj se nalazio kovčežić od kamena koji je vekovima čuvao antičke tekstove. Jedan od njih bila je papirusna knjiga (Čakos kodeks) koja se, otprilike datuje u četvrti vek. Dileri su, godinama, krišom pokazivali ove tekstove velikom broju ljudi, pokušavajući da ih prodaju po izvesnoj neuobičajenoj ceni. Pošto je premeštan s jednog mesta na drugo, nepropisno čuvan – najpre u jednom vlažnom sefu u Hiksvilu, u Njujorku, tokom gotovo sedamnaest godina, a potom i zamrznut (!) – Čakos kodeks pretrpeo je znatna oštećenja od vremena kada je pronađen do 2001, kada je dospeo u sigurne ruke filologa Rudolfa Kesera, koji je, zajedno sa konzervatorkom Florens Darber i istoričarom Gregorom Vurstom, pet godina marljivo radio na fragmentima kako bi povratio tekst u stanje što je moguće približnije izvornom. Novi prevod, koji donosimo u ovoj knjizi, temelji se na njihovom radu.[1]

Međutim, ono što nas ovde zanima ne tiče se toliko povesti, koliko značaja ovog izvanrednog otkrića. Istoričari su i prethodno imali saznanja o *Jevanđelju po Judi*, iz teksta *Protiv jeresi*, crkvenog oca Ireneja iz drugog veka, koji je pisao o grupi hrišćana:

> Oni objavljuju da je Juda, izdajnik, bio potpuno upoznat sa ovim stvarima, i da je jedino on, znajući istinu, što ostali nisu, izveo misteriju izdaje; po njemu su sve stvari, i od ovog sveta i one nebeske, na taj način bile uvučene u zbrku. Oni su sastavili umišljenu povest ovakve vrste, koju nazivaju *Jevanđeljem po Judi*.[2]

Jevanđelje po Judi, stoga, mora da je postojalo u vreme kada je Irenej pisao protiv njega, oko 180. godine nove ere. Sâmo jevanđelje je, najverovatnije, napisano sredinom drugog veka – ipak, Irenejevi komentari samo rađaju nova pitanja. Šta ovo zagonetno jevanđelje govori, osim što promoviše Judu kao onog „koji je znao istinu, što ostali nisu"? Kakvu je istinu znao?

Na prvi pogled, autor *Jevanđelja po Judi,* iznenađuje nas kao veoma gnevan čovek sa agresivnom, čak pakosnom porukom, jer prikazuje Isusa kako neprestano ismeva svoje učenike i optužuje ih da su počinili svakojake grehe i prljavštine u njegovo ime. Takođe nam se činilo da je i sâm autor preduzimao isto – koristio se Isusovim imenom kako bi širio svoje homofobične i antijevrejske poglede. Istog časa, osetili smo odvratnost prema, ponekad, oštrom i podsmešljivom tonu i klevetničkim optužbama iz ovog jevanđelja. Previše je podsećalo na drugu stranu onih užasnih uvreda, dobro poznatih iz haranga ranih crkvenih otaca, kao što je bio Irenej, usmerenih na sopstvene protivnike – vrstu polarizovanog jezika, tako duboko uznemirujućeg i u sadašnje vreme religijskih i političkih razmirica i nasilja.

Ipak, kada smo se oslobodili ovog prvog utiska, shvatili smo da nije sve prožeto gnevom. Veliki deo *Jevanđelja po Judi* ispunjen je izvanrednim Isusovim učenjem o duhovnom životu. Odakle, onda autorov gnev? Šta ga je tako duboko uznemirilo? I što je najvažnije, kakvu nadu autor nagoveštava radi ublažavanja sopstvenog gneva? Odgovori na ova pitanja vode duboko unutar mučnih sporova i uzvišenih vizija o Bogu, koje će do kraja oblikovati hrišćanstvo i zatočiti srca i duše ljudi tokom milenijuma koji su dolazili. Ovo su pitanja koja postavljamo u knjizi pred nama.

Na najočiglednija pitanja najlakše je odgovoriti: Da li je Juda zaista napisao ovo jevanđelje? Možemo li naučiti nešto novo o istorijskom Judi, Isusu ili drugim njegovim učenicima? Budući da je *Jevanđelje po Judi* napisano u izvesnom periodu oko 150. godine nove ere, gotovo čitav vek pošto je Juda živeo, nije moguće da ga je on i napisao; stvarni autor ostaje nepoznat. Isto tako, ne uspevamo da dokučimo išta istorijski pouzdano o Judi ili Isusu izvan onoga što nam je već poznato iz druge ranohrišćanske literature. Umesto toga, *Jevanđelje po Judi* otvara prostor za rasprave među hrišćanima drugog veka oko značenja Judine izdaje i Isusovog učenja, postavljajući pitanja poput ovih: Zašto bi problematični učenik izdao svog učitelja, Isusa? Kako bi ijedan hrišćanin mogao da zamisli Judu – onog koji ga je izdao – kao Isusovog ljubljenog i najpoverljivijeg učenika? Zbog čega Isus proklinje ostale učenike kao nemoralne ubice? Kakve su „misterije o carstvu" koje Isus, nasamo, otkriva Judi? Zbog čega je zvezda vodilja – njegova zvezda?

Da bi razumeli šta je ovako strasno nadahnulo autora, moramo da, one koji su napisali i čitali *Jevanđelje po*

Judi, postavimo u središte sporova i vizija koje su ga oblikovale. Neki istraživači pokušali su da ovo pitanje reše kategorizacijom *Jevanđelja po Judi* kao „gnostičkog" jevanđelja, postavljajući ga na gubitničku stranu u borbama među ranim hrišćanima oko različitih tumačenja, verovanja i obreda, gde je svaka grupa tvrdila za sebe da je jedina u posedu istine („pravoverja"). Uistinu, *Jevanđelje po Judi*, u izvesnom pogledu podseća na druge ranohrišćanske radove otkrivene u Egiptu tokom poslednjih sto godina koje su naučnici označili „gnostičkim", a naročito na one čudom pronađene kod sela Nag Hamadi u Egiptu, 1945. godine.[3] Mnogi od ovih tekstova, takođe, dopuštaju nam da oslušnemo glasove izgubljene tokom više od hiljadu petsto godina, glasove koje su ućutkali oni koji su pravoverje prigrabili za sebe.

Poput nekih od ovih nedavno otkrivenih radova, *Jevanđelje po Judi* objašnjava čovekovu prirodu kao suštinski duhovnu, uz verovanje da se fizičko telo raspada smrću, dok duhom ispunjena duša zauvek živi s Bogom u nebeskom svetu. Takođe, ovo jevanđelje Isusa smatra božanskim glasnikom, od Boga poslatog da, o njegovom carstvu, podučava neuko i nepravedno – ili licemerno – čovečanstvo.

Međutim, nazvati tekst gnostičkim, takođe može da dovede do bezbroj neistinitih utisaka, prvenstveno zbog toga što su, donedavno, istraživači izvodili sopstvene opise o „gnostičkim" hrišćanima gotovo jedino na osnovu opisa ranih crkvenih otaca, nikako iz novootkrivenih tekstova. Zapravo, oni su izraz *gnosticizam* izmislili u osamnaestom veku, mnogo pre nego što su novi tekstovi otkriveni. Jedini primarni izvori, u ono vreme dostupni istoričarima, poticali su od hrišćana kao što je Irenej, koji je pisao *protiv* radova poput *Jevanđelja po Judi*. Tako su stanovišta savremenih naučnika definisana davnašnjom karakterizacijom jeresi. Kao rezultat, nastavljamo da slušamo samo jednu stranu u sporu – stranu pobednika – gotovo potpuno lišeni mogućnosti da zamislimo kakvo je hrišćanstvo bilo u vreme sastavljanja *Jevanđelja po Judi,* kada se upravo razvijalo i nije bilo jasno čiji su pogledi preovlađujući.

Još veći problem predstavlja to što čitanje novih tekstova optikom njihovih protivnika, izobličuje ono što *Jevanđelje po Judi* i drugi novootkriveni tekstovi govore, i otežava sagledavanje onoga šta su ovi strasni, samooptužujući argumenti, zaista predstavljali.[4] Čitanje *Jevanđelja po Judi* kao još jednog od primera dobro poznate gnostičke jeresi, samo utvrđuje poznati kliše, jer ovog puta čujemo glas gubitnika. Međutim, ako bismo uspeli da se otarasimo stereotipa da čujemo samo jednu stranu priče – verziju toliko puta ispričanu, i to tako dugo da stvara pogrešan utisak kao o jedinoj mogućoj priči – onda bi ovi novi tekstovi mogli da obogate naše znanje o raznolikosti ranohrišćanske imaginacije i obreda, dopuštajući nam da, i nova otkrića i dobro poznatu tradiciju, posmatramo novim očima. Kada nam to pođe za rukom, moći ćemo da shvatimo da je goruće pitanje u *Jevanđelju po Judi* bilo to što su se crkveni oci upinjali da izbegnu pitanja skretanjem pažnje na druge stvari.

Kao što ćemo videti, ono što je podiglo ovakav gnev bilo je mučno umiranje sabraće hrišćana u rukama Rimljana.[5] Autor *Jevanđelja po Judi* nije uspeo da pomiri svoju veru u dobrog Boga koji bezgranično voli, sa izvesnom idejom koje su se drugi hrišćani u to vreme pridržavali: da Bog želi krvavu, žrtvenu smrt Isusa i njegovih sledbenika. Po mišljenju ovog autora, hrišćanski prvaci koji su pozivali svoju sabraću hrišćane da se „proslave" na ovakav način – bili su ubice. Oni su potpuno pogrešno razumeli Isusovo učenje i obožavali lažnog boga. Od svih učenika, samo je Juda razumeo Isusovo učenje i to je bio razlog zbog kojeg ga je predao kako bi ga ubili. Konačno, *Jevanđelje po Judi* pokazuje nam kako su se neki hrišćani nosili sa pitanjem stradanja i smrti koje i sve nas zanima, i na koji način su zamišljali duhovnu vezu s Bogom koja postoji i koja će postojati.

Poistovećivanje Jude sa Isusovim najodanijim prijateljem nije bila slučajnost. Ko god da je napisao *Jevanđelje po Judi* bio je potpuno svestan da hrišćani, gotovo bez izuzetka, proklinju Judu kao izdajnika; po autoru, Isus, čak, kaže Judi da će ga ostatak čovečanstva prokleti (*Juda* 9:28). Uistinu, autor mora da je odabrao Judu upravo zato da bi zaprepastio druge hrišćane sopstvenim izborom.[6] Kada ih optužuje za žrtvovanje ljudi, lažno bogosluženje i druge neprimerene jeresi, njegov ton nije ni nalik slatkom nagovaranju ili miroljubivoj raspravi: to je direktan i neprekidan napad na duboko ukorenjena uverenja izvesnih drugih hrišćana.

Nisu sva ova neslaganja među hrišćanima bila uzrok podelama, ali ona iskazana u *Jevanđelju po Judi* svakako jesu. Jer, po autoru ovog jevanđelja, Isus govori svojim učenicima da će ih na kraju Bog sve prokleti i uništiti (5:16; 14:16) – osim Jude koji će zavladati njima (9:29). On je prorok kraja vremena i Isus mu kaže: „Truba je tvoja već dignuta, gnev je tvoj nadošao, zvezda je tvoja prošla ovuda, i tvoje je srce pobedilo" (15:5).

Autor *Jevanđelja po Judi* govori kao što „pravi vernici" često čine – insistira na tome da će pobediti samo oni koji su na njegovoj strani – i da će Bog, bez izuzetka, prokleti sve druge. Poput sektaša, počev od njegovog doba pa do danas, ovaj autor insistira na raskidanju sa svim drugima radi stvaranja jedine „čiste" grupe „istinskih hrišćana" – isto kao što prikazuje Isusa kako *dva puta* govori Judi da mora da se odvoji od ostalih. Odvajanje od drugih učenika predstavlja njihovu osudu – ali ujedno nagoveštava da su oni koji stoje iza *Jevanđelja po Judi* u defanzivi. Autor iznosi optužbe s takvim gnevom da one ne mogu biti prihvaćene doslovno – ali pokazuju koliko su bila usijana osećanja za vreme progona, kada su se svi hrišćani nalazili u opasnosti da budu uhapšeni i likvidirani. Za to vreme, vođe poput Tertulijana optuživale su ljude, koji su bekstvom izbegli mučeništvo, da su kukavice, nikakve i ravnodušne vere, i da će završiti u paklu zajedno sa onima koji ih slede.[7]

Međutim, ovaj autor mogao bi da prigovori da ni Isus ni Juda nisu izbegavali nasilnu smrt. Juda je, u stvari, postao prvi mučenik, jer, prema *Jevanđelju po Judi*, nije počinio samoubistvo, nego su ga do smrti kamenovala „dvanaestorica" (*Juda*, 9: 7–8). Optužujući hrišćane za Judinu smrt, *Jevanđelje po Judi* odbacuje biskupe i njihove sledbenike, zajedno sa rimskim progoniteljima, koje optužuje za bogoštovanje demona. Sve ovo ukazuje da je mučnina na obe strane u raspravi buknula u nekontrolisani gnev. Nemoguće je zamisliti ih okupljene zajedno, na bogosluženju u istoj zajednici hrišćanskog bratstva i ljubavi.

Ipak, *Jevanđelje po Judi*, čak i u ovako fragmentarnom stanju, donosi nam mnogo više od letimičnog pogleda na izvesnu raspravu. Ono takođe otvara prostor za složen svet ranohrišćanskog pokreta i pokazuje nam da ono što su kasniji istoričari predstavljali kao neprekinut niz jednoobrazne vere, u stvari, nije bilo takvo. Kao što smo rekli, tradicionalna istorija hrišćanstva napisana je gotovo jedino iz perpsektive one strane koja je pobedila, one koja je bila izvanredno uspešna u ućutkavanju ili iskrivljavanju drugačijih glasova, uništavanju njihovih tekstova i suzbijanju svih koji se s njima nisu slagali, kao opasnih i tvrdoglavih „jeretika". Umesto žestokih sporova i iznenađujućih inovacija od kojih je pokret nastao, oni su prikazivali Isusa kako svoje jednostavno jevanđelje predaje „dvanaestorici", koji, sa svoje strane, isporučuju istovetnu poruku – nazvavši je „ostavštinom vere", poput novca položenog u banku. Sa učvršćenim simvolom vere i kanonom, sledbenici učenika, potom, navodno, isporučuju netaknutu poruku sledećoj generaciji pravih čuvara božanske istine – biskupima i drugom zaređenom sveštenstvu širom sveta. Mnogi ljudi smatrali su ovu sliku beskrajno očaravajućom, jer ih je uveravala da ono što su smatrali „hrišćanstvom" mora da je bila Božja istina. Takva predstava o ranohrišćanskoj istoriji mogla je da opstane netaknuta jedino u odsustvu drugačijih glasova.

Međutim, ko god razmišlja o tome kako se revolucije istinu događaju – uključujući i verske revolucije – shvata da ova slika, ne samo da iskrivljuje istorijski izveštaj, uskraćujući nam njegovu životnu dinamiku, nego je, takođe, i preko svake mere pojednostavljena. Tokom, otprilike, poslednjih 150 godina, uspeli smo da dopremo do preko četrdeset jevanđelja, poslanica, i drugih ranohrišćanskih radova.[8] Sada možemo, mnogo jasnije, da vidimo da je priča o ranom hrišćanstvu bila burna – da je to vreme neprestanog razmatranja, eksperimentisanja, i borbi oko svakog suštinskog pitanja.

Međutim, neko bi mogao da upita, da li su ovi „drugačiji glasovi" zaista *hrišćanski?* Često koristimo ovaj izraz kao da je njegova definicija bila jasna, nepromenljiva i jedinstvena, i govorimo kao da je bilo očigledno šta je hrišćanin; ali, u drugom veku, kao i dvadeset prvom, obe strane u različitim sporovima često su tvrdile da su u posedu istine – i poricale protivnikovu.

Na isti način, istoričari su često govorili o „ranoj hrišćanskoj crkvi" – kao da se u svakom gradu nalazi samo jedna grupa, čiji je svaki član u jedinstvu sa svim drugim članovima – istovetnim učenjem, ritualnim obredima i brigom za siromašne i bolesne. Istoričari danas, međutim, shvataju da su najveći gradovi svakako obilovali mnoštvom grupa Isusovih sledbenika. Kao što, danas, različite grupe mogu da se nađu u svakom kosmopolitskom centru od Njujorka do Meksiko Sitija, od Johanesburga do Brisela, isto tako su se, tokom drugog veka u gradu Rimu, na primer, crkve sastojale od vernika koji su pristizali iz svih krajeva carstva – iz Sirije i Turske, Egipta i Severne Afrike. Govorili su grčki i latinski ili jezicima svojih domovina; mnogi su bili bilingvalni. Neki od imigranata bili su istaknuti učitelji koji su davali časove iz „filosofije" ili hrišćanstva – i često podsticali teške sporove između sebe i svojih učenika.[9] Sada možemo da uvidimo da se ono što se nazivalo „hrišćanskom crkvom" Rima (kao da je postojala samo jedna), u stvari sastojalo od skupa grupa lociranih u različitim delovima grada. Svaka grupa predstavljala je ostrvo za sebe, sa sopstvenim mestom za okupljanje, sopstvenim vođama, i veoma često sopstvenim shvatanjem jevanđelja. Iako su, možda, različite grupe sebe smatrale „ćelijama jedne crkve" i ponekad zajedno radile, na primer, na prikupljanju pomoći za siromašne ili na deljenju pričesnih poklona, nikakva jedinstvena ustanova nije postojala. Tek u drugoj polovini drugog veka vidimo jednog biskupa da se izdiže nad ostalima – i odatle počinje jasna linija koja odvaja grupe tako što isključuje one koje sada smatramo „jereticima". Ovo je priča o Rimu tokom drugog veka. Bez sumnje, prilike u drugim gradovima su se razlikovale, ali je ishod bio isti.

Uspon biskupa, međutim, nije doneo kraj suparništvu i sporovima. Kako je pokret privlačio sve veći broj novopridošlih, istovremeno je privlačio i sumnju neprijateljski raspoloženih neposvećenika, pa su se priče o progonu i mučenjima sve više širile. Učitelji poput Justina Mučenika iz drugog veka, pokušavali su da brane hrišćane od neprijateljskih optužbi, dok su u isto vreme napadali druge hrišćane, čak i ugledne prvake poput egipatskog pesnika i duhovnog učitelja Valentina, nazivajući ih „jereticima" i optužujući članove ovih grupa da su nadahnuti Satanom. Irenej, postavši biskup u ruralnoj Galiji, putovao je u Rim kako bi posetio tamošnjeg biskupa, i bio ožalošćen i uznemiren različitošću koju je otkrio među hrišćanskim grupama u tom gradu. Idući za Justinovim primerom, Irenej je težio uspostavljanju jedinstvene crkve, odbacujući nezavisne duhovne učitelje, insistirajući da svako mora da veruje u ista učenja, i da sva jevanđelja osim četiri kanonska moraju da se proslede na gradsko smetlište. Oko 150 godina kasnije, Konstantin, od koga se najmanje očekivalo da se preobrati, postavši vladar Rimskog carstva – uz Hristovu pomoć, kako je verovao – uslišio je molitve napaćenih vernika, zaustavivši progone i, umesto toga, postao čuvar i zaštitnik hrišćanstva širom rimskog sveta. Ipak, kao pragamtičan vladar, Konstantin je pokušavao da otkloni razlike između različitih hrišćana, podupirući izvesne moćne vođe – ljude koji su bili biskupi u najvažnijim provincijama. Konstantin je podržao samo one grupe koje su se saglasile sa definicijom hrišćanstva koju su, 325. godine, uspostavili biskupi okupljeni u Nikeji, gradu na obali jezera, u današnjoj Turskoj. Oni koji su se bunili bili su izopšteni (anatemisani). U sledećim vekovima, disidenti su gledali kako im konfiskuju kuće ili ih spaljuju do temelja, a članove ovih grupa na silu primoravaju ili da se povinuju Nikejskom učenju i obredima ili ih isteruju iz crkava kao „jeretike". Iako su njihovi tekstovi, tokom vekova, bili čitani i prepisivani, oni su – i to doslovno – silom saterani ispod zemlje, kao neme žrtve rata protiv jeresi.

Ipak, nije sve bilo izgubljeno. Poput *Jevanđelja po Judi*, mnoge knjige bile su zakopane u ćupovima ili skrivene u grobnicama, predate na čuvanje za daleku budućnost kada će njihovi ućutkani glasovi ponovo progovoriti. Pre nego što su ovi tekstovi otkriveni, bilo nam je teško da čitamo antičke izveštaje Ireneja i drugih koji su ove tekstove ismevali, a još teže da shvatimo zbog čega bi neko trošio vreme i trud gnjaveći se pobijanjem tako besmislenih i nemoralnih ideja. Ali, sada kada ovi nestali hrišćani govore sopstvenim glasovima, shvatamo zbog čega su bili takva pretnja ostalim hrišćanima i zbog čega su ovi napadi bili tako mučki. Shvatamo da su postavljali teška i neprijatna pitanja – o prirodi Boga, o značenju Isusovog učenja, o stradanju mučenika, i mnogim drugim stvarima – pitanja poput onih koja bi i mi danas želeli da postavimo.

Jevanđelje po Judi, kao nijedan drugi sačuvani rad iz najranijeg hrišćanstva, razgolićuje užasnu patnju i gnev koje su neki hrišćani iskusili u jezivoj, nasilnoj smrti sopstvene porodice i prijatelja – sabraće vernika koji su ubijani radi zabave rimske rulje i pretvaranja svakog otpora u pokornost. Ipak, njihov gnev manje je usmeren prema Rimljanima, a više prema sopstvenim vođama koje su ohrabrivale hrišćane da mučeništvo prihvate kao Božju volju, kao da je Bog želeo izmrcvarena tela radi sopstvene slave. Možemo da osetimo njihovo unutrašnje odbijanje da je takav Bog bio vredan ikakvog poštovanja. *Jevanđelje po Judi* pokazuje nam da je Bog koga su poštovali – i vera za koju su bili spremni da umru – bio drugačiji. Isus je podučavao o misterijama carstva, o carstvu Boga svetlosti izvan ovog sveta haosa i smrti, Boga koji je pripremio večni dom u velikoj palati sazdanoj od zelenila i svetla. Budući da se doba mučeništva završava Konstantinovim preobraćenjem, kamenje koje je proslavilo mučenike počelo je da dominira istorijom hrišćanskih korena, postaravši se za duhovne junake nove carske crkve. *Jevanđelje po Judi* dospeva do nas kao glas pobune, poziv ka veri koja se odriče nasilja kao Božje volje i svrhe ljudskog roda.

Kako god da procenjujemo ove nove glasove, njihovo postojanje znači da neće više biti moguće na isti način kazivati priču o hrišćanstvu. Jevanđelja koja prethodno nismo poznavali, sada nas pozivaju da zakoračimo u neobično dinamičan svet u kojem je hrišćanstvo oblikovano. Ona nam pružaju mogućnost – i izazivaju nas – da novim očima posmatramo poznate tradicije koje nazivamo hrišćanstvom.

PRVI DEO
Čitanje Jude

PRVO POGLAVLJE

Juda: Izdajnik ili učenik ljubljeni?

Šta bi to tako uznemirilo odanog učenika, posle dugog i teškog vremena posvećenog sopstvenom učitelju, da ga izda neprijateljima koji su godinama želeli da ga ubiju? Zašto bi Juda pokazao Isusa naoružanoj grupi ljudi koji su došli da ga uhvate i uhapse kasno u noć, kad je većina onih koji bi ga branili već zaspala?

Hiljadama godina, hrišćani su prikazivali Judu kao otelotvorenje zla. Podstaknut pohlepom i nadahnut Satanom, on je izdajnik kojeg Dante postavlja u najniži krug pakla. Međutim, *Jevanđelje po Judi* pokazuje Judu kao Isusovog najbližeg i najodanijeg prijatelja – onog kome Isus otkriva svoje najdublje zagonetke i kome poverava da pokrene stradanje. Na prvi pogled iznenađujuće, ali pronicljivi čitalac zapaziće da su poznata novozavetna jevanđelja ovo dugo nagoveštavala. Svi novozavetni autori slažu se da je Isus predvideo, čak prigrlio, sopstvenu smrt. *Jevanđelje po Marku* kaže da je, baš pre nego što ih je poveo prema Jerusalimu, gde će stradati i umreti, Isus tajno poverio svojim sledbenicima da je neophodno da se sve ove stvari dogode (*Mk* 8:31). *Jevanđelje po Jovanu* ukazuje da je sam Isus saučestvovao u izdaji, da je Judi, tik pre nego što je ovaj otišao, rekao: „Šta činiš čini brže" (*Jn* 13:27)[1]. *Jevanđelje po Judi* dovodi ove nagoveštaje do logičnog zaključka. A ipak, ni ono, isto tako, ne razrešava ovo pitanje do kraja, nego jedino uspeva da ga postavi još jednom – i daleko energičnije nego ikad – pitanje izdaje Isusa i značenja njegove smrti.

Novozavetna jevanđelja pokazuju da, posle potresnog hapšenja Isusa, njegovog mučenja i spore, užasavajuće javne egzekucije, različite grupe njegovih sledbenika pričaju i prepičavaju ove događaje, dok se ujedno bore da razumeju zbog čega su stvari pošle tako naopako! Ako je Isus bio Božji izabranik, kako su njegovi neprijatelji smogli snage da ga ubiju? Ko je, zapravo, skovao zaveru koja je urodila plodom? Kakvu je ulogu Isus, zapravo, imao? Uprkos svemu što novozavetna jevanđelja govore, različite anegdote o Judi ostavljaju mnoga pitanja bez odgovora – pitanja koja su od tada zbunjivala i kopkala ljude. Izdajnik nas uvek privlači više od učenika koji ostaje veran, kao što su pokazali umetnici, od Đotove čuvene slike poljupca Jude, do paradoksalne pripovesti o Judi, Horhea Luisa Borhesa; od filma *Poslednje Hristovo iskušenje* Martina Skorsezea do Mikelanđelovog Satane, prikazanog kako, zanavek, proždire Judu u paklu.

Novozavetna jevanđelja ukazuju da je Isusu, u vreme kada je poslednji put ušao u Jerusalim, slava kao učitelja i iscelitelja osigurala ogroman broj sledbenika, što je rimsku administraciju navelo da posumnja da podstiče revoluciju, pa su ga zbog toga ubili kao upozorenje drugim, tobožnjim, huškačima i buntovnicima. A zapravo, njegovo hvatanje, hapšenje i egzekucija moglo je da okonča priču. U tom trenutku, mnogi su napustili pokret. *Jevanđelje po Luki* teži da ospori sva ta razočaranja pričom o dvojici koja su prethodno prestali da se nadaju. Kako su objasnili putniku: „Mi se nadasmo da je on onaj koji će izbaviti Izrailja" *(Lk* 24:21), ali događaji su pokazali da oni greše – sve dok se Isus nije čudesno pojavio i ispravio ih. Ipak, drugi su se tvrdoglavo držali svojih uverenja. Glasine da su ga bliski prijatelji, poput Marije Magdalene i Petra, videli čudesno živog, ponovo su ohrabrile neke od njegovih sledbenika, koji su objavili da veruju u ove priče, iako su ih mnogi drugi potpuno odbacivali. Međutim, umesto da raščiste stvari, priče o vaskrsenju, rađaju nova pitanja. Zbog čega je ova smrt bila neophodna? Šta ona okončava?

Dakle, *Jevanđelje po Judi* nam, zajedno sa mnogim drugim, nedavno otkrivenim antičkim hrišćanskim tekstovima, od *Jevanđelja po Mariji iz Magdale* do *Apokalipse Petrove*, dopušta da uvidimo da novozavetni autori nisu bili jedini koje su mučila ova pitanja. Različiti hrišćani najranije generacije postavljali su pitanja – i upinjali se da daju odgovore – o suštinskim stvarima koje su preko Jude vodile do Isusa. Ko je bio – ili ko je – Isus? I kakva je „dobra vest" (to jest, *jevanđelje*) o njemu? Iako su ovi radovi bili izgubljeni više od petnaest vekova, antički izveštaji nam ukazuju na njih. Irenej, biskup iz Liona, imao je saznanja o ovakvim jevanđeljima i, među mnogim drugim, pominje *Jevanđelje po Judi*, kao i *Jevanđelje po Egipćanima* i *Jevanđelje po Tomi*. Irenej je znao da neki hrišćani upotrebljavaju samo *jedno* jevanđelje, dok ih drugi koriste nekoliko, zajedno sa poslanicama apostola Pavla i mnogim drugim tekstovima pripisanim Isusovim učenicima. Međutim, Irenej je bio sumnjičav prema onima koji su koristili tako mnogo jevanđelja, ukazujući da su oni koji su ovako postupali bili jeretici; jer, objavio je on, „jeretici kažu da poseduju više jevanđelja nego što ih zaista ima... ali, u stvarnosti, oni nemaju nijedno jevanđelje a da nije puno bogohuljenja".[2] Irenej je bio prvi, koliko je poznato, koji je insistirao na tome da crkva može da ima

„samo *četiri* jevanđelja, ni manje ni više". Zbog čega ni manje ni više? Irenej pruža kosmološko objašnjenje. Kao što „je četiri oblasti vaseljene, i četiri glavna vetra", tako je, kaže on, „dovoljno da crkva imao četiri stupca" koji podupiru Božju istinu.[3] A zbog čega ova četiri? *Jevanđelje po Mateju* i *Jovanu*, objavljuje Irenej, napisali su istinski apostoli, a *Marka* i *Luku* učenici ovih apostola. Ova jevanđelja su pouzdana, tvrdi on, budući da jedino ona vode do svedočanstava koje su napisali Isusovi najverniji učenici.

Nekoliko istraživača *Novog zaveta* danas bi se složilo s Irenejevim rezonovanjem, ali mnogo manje s onim što govori o onima koji su napisali ova jevanđelja. Jer, dok novozavetna jevanđelja obuhvataju tradicije – Isusove izreke, parabole i anegdote – koje sežu do najranijih vremena, čak i najranije od ovih jevanđelja, *Jevanđelje po Marku,* napisano je oko četrdeset godina posle Isusove smrti, a ostala od deset do trideset godina kasnije. Uopšte nije verovatno da su ijedno od ovih jevanđelja napisali učenici koji su lično poznavali Isusa, premda ne znamo ko ih je zaista napisao. Pored toga, mnoga jevanđelja koja Irenej odbacuje kao nezakonita, kao što je *Jevanđelje po Tomi* i *Jevanđelje po Filipu,* takođe iznose tvrdnju da su ih napisali članovi istog, užeg kruga učenika; ipak, ni za njih nemamo nezavisna svedočanstva o tome ko ih je zaista napisao.

Tvrdnje o apostolskom autorstvu – bilo od strane Ireneja ili onih koje je napadao – tiču se borbi iz drugog veka oko pitanja dominacije hrišćanskom religijom u povoju. Sasvim sigurno, oni koji su napisali i širili jevanđelja koja Irenej odbacuje nisu sebe smatrali jereticima, nego hrišćanima. Sada, kada posedujemo ne samo Irenejevo pobijanje, nego i prepise nekih radova protiv kojih se izjašnjavao – uključujući i *Jevanđelje po Judi* – možemo da vidimo do koje mere je njegovo izlaganje jednostrano. I prvi put, možemo da čujemo drugu stranu unutar rasprave.[4] Ako bismo Ireneju sada omogućili konverzaciju sa autorom *Jevanđelja po Judi*, njihova rasprava mogla bi da izgleda ovako:

Irenej: Vi, jeretici, odbacujete Boga i stvoritelja sveta koji je poslao Isusa da umre za naše grehe. I nasuprot jasnim dokazima iz *Svetog pisma*, vi poričete dobrotu Stvoritelja i njegove tvorevine. Možete da se pridržavate stroge etike, ali samo kao svedočanstva da prezirete telo. Uz to, poričući da je Isus imao fizičko telo i da će i oni koji veruju, poput Isusa, ustati iz mrtvih, vi potkopavate spasenje i obesmišljavate crkveno pričešće hlebom i vinom (kao Isusovim telom i krvlju). Umišljate da ste spaseni zbog vaše duhovne prirode i nebeskog porekla, pa vam zbog toga nije potrebna vera u Hrista. Naprotiv, tvrdite da posedujete naročito znanje, samo vama dato. Takav elitistički stav ne samo da je arogantan, nego je i potpuno pogrešan, i zbog toga ćete biti zanavek prokleti.[5]

Autor *Jevanđelja po Judi:* Ireneju, ti i hrišćani poput tebe, potpuno ste zamenili Stvoritelja sveta – kojeg i samo *Sveto pismo* prikazuje kao ljubomornog, nasilnog i osvetoljubivog – sa istinskim Bogom i ocem Isusa Spasitelja. Vi ste oni koji odbacuju božansku dobrotu istinskog Boga i Stvoritelja svega, koji je nepatvorena dobrota, svetlost i istina, lažno pripisujući Bogu sve moguće zlo i sve bolesti sveta: patnju, smrt, nepravednu vlast, nasilje, žudnju za žrtvom u krvi i tome slično. Insistirajući da je fizičko telo vaša prava priroda, zaboravili ste da se pût ispoljava kao iskvarena, dok je Bog neiskvaren. Dok telo, zaista, može da bogosluži Boga po pravdi, ono nije besmrtno, čak i kad je zapečaćeno božanskom slikom nebeskog Adama i Eve. Vi ste poput onih koji svakog ko se ne slaže s vama proklinju na večno ispaštanje, arogantno verujući da jedino vi znate istinu. Vi ste oni koji će zauvek propasti.

Irenej pokušava da pobije ovaj argument tvrdeći da njegova verzija hrišćanstva potiče direktno od Isusovog najodanijeg učenika – ali *Jevanđelje po Judi* iznosi istovetnu tvrdnju, u ekstremnom obliku: da je jedino Juda istinski razumeo Isusovo učenje, jer je Isus samo njemu otkrio prave „misterije carstva".

Argumenti poput ovih prolazili su u vreme kada crkva nije imala ni definisani simvol, ni kanon autoritativnih tekstova, ni hijerarhijski ustrojeno starešinstvo koje bi moglo da odlučuje u sporovima. Zapravo, Irenej i njegovi biskupi bili su upravo oni koji su odlučili o tome da međe „prave Crkve" treba da budu simvol, sveštenstvo i kanon. Irenej je bio među prvima koji su insistirali da svi pravi hrišćani moraju da ispovedaju iste stvari[6], da se ujedine u iskazu zajedničkog simvola koji utvrđuje ono u šta svi veruju. On je, takođe, podelio crkve između biskupa i sveštenstva, i „laika" (grčki izraz koji znači „narod"), zahtevajući da ovi poslednji moraju „da se potčine sveštenicima koji pripadaju crkvi"[7], i da krštenje i pričešće primaju isključivo iz ruku biskupa i sveštenika koje on naziva „pravovernim". Upozoravao je da disidenti, makar bili i sveštenici, stavljaju sebe u smrtnu opasnost, budući „da izvan crkve nema spasenja". Na kraju, Irenej je posejao seme onoga što će kasnije postati hrišćanski *Novi zavet*, tvrdeći da „pravoverni" vernici moraju, tokom bogosluženja, da čitaju isključivo knjige koje su on i drugi biskupi odobrili; druge, koje naziva „tajnim, nezakonitim knjigama"[8], treba odbacivati kao otrov – jer jeres, podseća on, može ljude da odvuče od istine. Istoričari su, takođe, zapazili da učenja koja je Irenej označio „pravovernim" treba da budu ona koja će njemu i drugim biskupima pomoći, da rasejane grupe Isusovih sledbenika ujedini u ono što su on i neki drugi biskupi zamišljali kao jedinstvenu, ujedinjenu organizaciju koju su nazivali „katoličkom (univerzalnom) crkvom". Različit skup hrišćanskih učenja koji su oni označili kao „jeres" mogao je da predstavlja prepreku učvršćenju crkve pod vlašću biskupa. Tekstovi poput *Jevanđelja po Tomi* i *Jevanđelja po Mariji*, na primer, ohrabruju vernike da tragaju za Bogom unutar sebe, bez pomena o crkvama, još manje o sveštenstvu. Neki tekstovi otkriveni zajedno sa ovim odbačenim „jeretičkim" tekstovima, kao što je *Apokalipsa Petrova*, direktno osporava „one koji sebe nazivaju biskupima... kao da su vlast primili od Boga... Takvi ljudi su bezvodni kanali!"[9] Stoga ne iznenađuje što su vođe, zaintersovane za uspostavljanje i jačanje institucionalnih struktura, odbacivale ovakve optužbe kao „jeretička" buncanja – baš kao što je Irenej prokleo *Jevanđelje po Judi* kao delo fikcije namenjeno, prevashodno, zbunjivanju ljudi.

Irenej je, svakako, shvatao da je njegov stav procenjivan u delu kao što je *Jevanđelje po Judi*. On nam ne saopštava da li je zaista čitao *Jevanđelje po Judi* ili je o njemu samo čuo od drugih. Ono što je o njemu znao, u svakom slučaju ga je žestoko razbesnelo. Najviše ga je uznemiravalo upravo ono što i nas iznenađuje: pogled na Judu koji se ovde javlja kao Isusov najpoverljiviji – i najdostojniji – učenik. Prema ovom jevanđelju, kada Isus izaziva svoje učenike da se odmere s njim, jedino Juda pokazuje hrabrost za tako nešto:

> A oni rekoše: „Mi smo jaki!" Ali njihovi duhove ne imaše hrabrosti da ustanu da se suoče s njim – osim Jude [Iskariota]. On beše jak da ustane i da se suoči s njim, iako ne beše jak da mu pogleda u oči, nego skrenu pogled na stranu.
> Juda mu reče: „Znam ko si i odakle si došao".(*Juda* 2:18–22).

U tom času, Isus uzima Judu i govori mu: „Ukloni se od njih. Kazaću ti misterije o carstvu. Moći ćeš da stigneš onamo, ali pretrpećeš silnu patnju" (*Juda* 2:25–28). Juda, ožalošćen i uznemiren, kasnije govori Isusu o strašnom snu, u kojem je, kako kaže: „Video sebe u viziji. Dvanaest učenika kamenovali su me; progonili su [me strašno] (Juda 9:6–8). Budući da ga je Judin san upozorio na mržnju i klevetanje kojim će ga njegovi učenici kasnije zasuti, Isus ga ponovo uverava, govoreći mu da je učestvovanje u ovoj božanskoj misteriji njegova sudbina, ona koja nadmašuje sudbine svih drugih učenika:

> A ti ćeš ih nadmašiti sve. Jer, na žrtvu ćeš prineti telo u kojem sam se nastanio... Gle, sve ti se kaza. Pogledaj nagore i videćeš oblak i svetlo u njemu i zvezde koje ga okružuju. A ona koja pokazuje put, to je tvoja zvezda" (*Juda* 15:3–4:14–16).

Ono što, međutim, u istoj meri zaprepašćuje, jeste i način na koji *Jevanđelje po Judi* prikazuje ostale učenike – „dvanaestoricu", koje Irenej duboko poštuje kao utemeljivače sadašnjeg reda biskupa – kao nerazumnike koji su obožavali lažne bogove i počinili svakojake grehe, uključujući ubistvo.

Ovakva vrsta argumentacije objašnjava to što su se različiti hrišćani, tokom drugog veka, pozivali na izvesne apostole kako bi ozakonili sopstveno tumačenje hrišćanstva. Ipak, to samo ostavlja otvorenim pitanje onoga što se zaista desilo prilikom događaja koji su doveli do Isusovog hapšenja. Da li ranohrišćanska jevanđelja donose čvrste istorijske dokaze? Šta nam to novo govori *Jevanđelje po Judi,* ako uopšte govori nešto novo? Odgovori na ova pitanja nalažu nam da ponovo razmotrimo četiri jevanđelja, ona koja poznajemo iz *Novog zaveta*, kako bi utvrdili šta nam govore i u čemu se međusobno slažu – i razilaze – jer njihovi autori se, takođe, svojski trude da razumeju ulogu Jude, a svaki govori priču na drugačiji način. Posle toga, možemo da razmotrimo kako se ovo novootkriveno jevanđelje odnosi prema onome što je, zaista, moglo da se dogodi.

U svim jevanđeljima, jedan istorijski događaj stoji kao sasvim izvestan: da je Isus iz Nazareta raspet oko 33. godine nove ere, za vreme vladavine cara Tiberija, kada je Pontije Pilat bio glavni rimski službenik u Judeji. Oko ovoga se svi izvori slažu – čak i oni autori iz prvog i drugog veka koji su iskazivali neprijateljstvo prema Isusu. Josif, jevrejski upravnik Galileje (oko 50. godine nove ere) koji je napisao čuvenu istoriju *Judejski rat*, pominje Isusa kao običnog buntovnika.[10] Takit, rimski senator i orator koji se gnušao hrišćana, ovim rečima objašnjava svojim čitaocima ko su oni i zbog čega su nepoželjni:

> Kristus, od koga potiče ime, ispaštao je užasnom kaznom za vlade Tiberija, pod jednim od naših prokuratora, Pontija Pilata, a ubojito praznoverje, za trenutak na taj način obuzdano, ponovo je

buknulo ne samo u Judeji, prvobitnom izvoru zla, nego i u gradu (Rimu) gde se stiče sve grozno i sramotno iz svih delova sveta i postaje popularno.[11]

Da je Isus bio raspet priznaju ne samo sva četiri novozavetna jevanđelja i Pavlove poslanice, nego i mnoga jevanđelja *izvan Novog zaveta,* uključujući *Jevanđelje Istine, Jevanđelje po Filipu, Tajnu knjigu Jakovljevu, Apokalipsu Petrovu* i *Petrovu poslanicu Filipu,* da pomenemo samo neke. Ali, kada ovi sledbenici pokušavaju da kažu šta bi Isusova egzekucija mogla da znači, saglasnost iščezava. Jer, izgleda da je za one koji su napustili pokret, raspinjanje bilo dokaz da Isus nije bio Božji izabranik, ili da ga je, u najmanju ruku, Bog napustio. Pavle priznaje da je, kada je propovedao među Jevrejima, užasavajuća činjenica da je Isus bio raspet predstavljala gotovo nepremostivu prepreku svakome ko ga je slušao; među neznabošcima, njegove tvrdnje o pogubljenom kriminalcu zvučale su podrugljivo *(1 Kor* 1:17–24). Neznabošci potvrđuju sledeće: filosof Kels kaže da mnogi ljudi preziru hrišćane zbog toga što, kako kaže, „obožavaju raspetog sofistu"[12]. Ipak, za Pavla, značenje je jasno: „Hristos umrije za grijehe naše, po pismu" *(1 Kor* 15:3).

Oni drugi, odani Isusu, poput autora *Jevanđelja po Marku,* pokazivali su zainteresovanost za ono što bi Isusovo raspeće moglo da znači. Ali, za razliku od Pavla, *Jevanđelje po Marku* ukazuje na problem gradeći detaljnu priču o Isusovom hapšenju i pogubljenju. Šta je mogla da znači objava da Isus ne samo da je *bio,* nego je i dalje Božji miropomazani kralj, kada jevanđelja priznaju da je, bespomoćan, pao u ruke Rimljanima koji su ga podvrgli mukama i ubili, napušten od svih, čak i kada je, zavapivši u smrtom času, bio napušten i od Boga *(Mk* 15:34)? Kako bi priča koju autor kazuje, ikako mogla da bude ono što, sudeći po uvodnim rečima, slušalac treba da očekuje – „početak *jevanđelja* Isusa Hrista, sina Božijega" *(Mk* 1:1)? Mogli bismo da očekujemo da autor *Jevanđelja po Marku* ističe da je Isus ustao iz mrtvih, ali u njegovom izveštaju vaskrsenje ostaje budući događaj, kojeg se priča jedva dotiče.[13] Ono što *Jevanđelje po Marku* pruža jeste više nego jednostavna pripovest. Autor je naziva „jevanđeljem" – propovedi – izložene u obliku prepričavanja koje nastoji da prenese duhovno značenje.

Ovo je najranije jevanđelje, koje se pokazalo veoma uticajnim, budući da autori *Jevanđelja po Mateji* i *Luki,* pišući otprilike deset do trideset godina pošto je *Jevanđelje po Marku* bilo napisano, ponaosob prenose mnogo iz ovog najranijeg, ponekad gotovo reč po reč, u sopstvene, obimnije jevanđeoske povesti. Obojica su sopstvene radove zasnivala na priči iz *Jevanđelja po Marku* i proširivali ono što su zaticali, dodavanjem novog materijala, dajući svoj ton i tumačenje priče. Kada, na primer, pišu o Isusovom hapšenju, oba autora, kao i autor *Jevanđelja po Marku*, moraju da objasne kako su Isusovi neprijatelji uspeli da ga uhvate. Šta, dakle, oni govore o Judi? Svedočanstva ukazuju da su Isusovi sledbenici znali da ga je neko izdao, onaj kojeg *Jevanđelje po Marku* imenuje kao Judu Iskariota. Zbunjeni i uznemireni ovim izdajnikom, oni razmatraju, raspravljaju i prepiru se o onome što je ovaj učinio i zbog čega. Autor *Jevanđelja po Marku*, koji je napisao najraniju verziju priče koju imamo, očigledno ubraja Judu među učenike koji su, kako autor kaže, čuli Petra da brblja pred Isusom: „Ti si Hristos" *(Mk* 8:29). Međutim, *Jevanđelje po Marku* kaže da im odmah potom, Isus poverava da očekuje da će strašno patiti i da će ga njegovi neprijatelji ubiti. Kada se Petar, potresen i uznemiren, prestravio, Isus odgovara neočekivano oštro: „Idi od mene, Sotono!" nagoveštavajući da nije mogao – nije želeo – da umakne onome na čemu je insistirao da mora da se dogodi, neminovnom sledu događaja, od Boga pripremljenom. Kako bi pojasnio, autor *Jevanđe-*

lja po Marku kaže da Isus šalje dvojcu svojih sledbenika da mu pomognu da pripremi pozornicu za mesijansku demonstraciju cara koji jašući na magarcu ulazi u Jerusalim, kako bi ispunio predskazanje proroka Zaharija:

„Raduj se mnogo, kćeri Sionska, podvikuj, kćeri Jerusalimska; evo, car tvoj ide k tebi, pravedan je i spasava, krotak i jaše na magarcu, i na magaretu, mladetu magaričinu." *(Zaharija 9:9).*

Potom, pre nego što je Isus podelio Pashu sa svojim učenicima, odmah pošto je ponovio svoje predskazanje da će umreti, autor *Jevanđelja po Marku* kaže da „Juda Iskariotski, jedan od dvanaestorice otide ka glavarima svešteničkijem da im ga izda" *(Mk 14:10).* Zanimljivo je da se autor uzdržava od ukazivanja na motiv. Ipak, on spekuliše da su glavni sveštenici rado prihvatili ponudu koju im je Juda uputio, nadajući se da će, kako bi ubili Isusa, njega i njegove sledbenike zateći noću, po strani od gomile koja ih je često okruživala. Autor *Jevanđelja po Marku* kaže da su Judi ponudili novac, očigledno kako bi ga podstakli: „A oni čuvši obradovaše se, i obrekoše mu novce dati: i tražaše zgodu da ga izda" *(Mk 14:11).*

Autor *Jevanđelja po Marku*, očigledno zna da su neki ljudi govorkali ono što *Jevanđelje po Judi* govori otvoreno – da je Juda radio tačno ono što je morao kako bi se ispunio Božji plan, verovatno rukovodeći se uputstvima koja je dobio od Isusa. Međutim, *Jevanđelje po Marku*, odbacuje takvu mogućnost u sopstvenom izveštaju, dodajući Isusovu svečanu objavu da „Sin čovječij dakle ide kao što je pisano za njega; ali teško onome čovjeku koji izda sina čovječijega; bolje bi mu bilo da se nije rodio onaj čovjek" *(Mk 14:21)*. Konačno, *Jevanđelje po Marku* kaže da kada je Juda stigao u Getsemani s grupom naoružanih ljudi, već prethodno

... dade im znak govoreći: koga ja cjelivam onaj je: držite ga, i vodite ga čuvajući. I došavši odmah pristupi k njemu (Isusu), i reče: Ravi! ravi! i cjeliva ga. A oni metnuše ruke svoje na nj i uhvatiše ga. *(Mk 14:44–46)*.

Autor *Jevanđelja po Mateju* mora da je bio snažno nadahnut *Jevanđeljem po Marku*, budući da ga preuzima, menjajući tek nekoliko detalja, proširujući ga s drugim izrekama pripisanim Isusu, i dodajući izvesne priče, inače nepoznate, kako bi sazdao novu verziju. Kada razmotrimo ove dodatke i izmene koje je izvršio, shvatamo da je autoritet koji se iznad svega tiče pisca kojeg nazivamo Matej, poticao od njemu bliskog *Svetog pisma,* to jest, *hebrejske Biblije.* Tom jevrejskom *Svetom pismu* okretao se kada je bio zbunjen ili oprhvan teškoćama; na isti način mu se okretao kako bi dao neki smisao Judinoj izdaji. Čitajući knjige poput *Postanja, Psalama* i proročkih tekstova, u vreme dok je osmišljavao priču o Judi, autor *Jevanđelja po Mateju* pronašao je pasuse i aluzije koje su mu nagoveštavale da je izdaja bila deo Božjeg plana. Imajući ove pasuse na umu, on iznova ispisuje priču iz *Jevanđelja po Marku,* razrađujući činjenicu o izdaji, pa čak i izvrćući prizore kako bi, kao što ćemo videti, izvesni detalji mnogo više odgovarali drevnim proročanstvima. Autor *Jevanđelja po Mateju,* bez sumnje, nalazi utehu u verovanju da su proročanstva postavile ove užasavajuće događaje u kontekst božanskog plana, za koje kaže da ih je Bog otkrio preko Svetog duha.

Najupadljiviju izmenu *Jevanđelje po Mateju* donosi ukazujući na motiv. Umesto da jednostavno sledi autora *Jevanđelja po Marku,* koji, kao što smo zapazili, kaže da su glavni sveštenici ponudili Judi novac kao dodatni podstrek, ali tek pošto je ovaj ponudio da izda Isusa, autor *Jevanđelja po Marku* preokreće priču naglavačke. Kako bi pokazao da je ono što je motivisalo Judu bila pohlepa, on kaže da je Juda bio taj koji je pokrenuo pregovore sa glavnim sveštenikom zahtevajući novac: „Tada jedan od dvanaestorice, po imenu Juda Iskariotski, otide ka glavarima svešteničkijem, i reče: šta ćete mi dati da vam ga izdam? A oni mu obrekoše trideset srebrnika." *(Mt* 26:14–15). Pominjanjem tačno ovog iznosa, autor *Jevanđelja po Mateju* svesno ukazuje na one iznose poznate iz *Svetog pisma,* naročito iz čuvenih pasusa proroka Zaharija. *Jevanđelje po Mateju* prikazuje Isusa koji sopstvenu sudbinu poredi sa sudbinom proroka, iznad svega, Zaharijevom, koji je ubijen u hramu, „kojega ubiste među crkvom i oltarom" *(Mt* 23:34–35). „Trideset srebrnika" bio je prezriv iznos kojim su vladari Izraela procenjivali Zahariju *(Zah* 11:12–13), isti onaj iznos za koji autor *Jevanđelja po Mateju* želi da pokaže da su jerusalimske vođe platile za Isusa, i uz isto, da istakne osećanje prezira. *Jevanđelje po Mateju* takođe na Isusa primenjuje Isaijinu viziju Izrailja kao Božjeg napaćenog roba *(Is* 53:3–12; *Mt* 8:17), i tako, bez sumnje, prihvata ironiju iznosa od trideset srebrnjaka, biblijskog iznosa za roba *(Izl* 21:32), plaćenog ne samo za Zaharija, nego i, takođe, za Isusov život. Kada Zaharija oplakuje sopstvenu sudbinu, videći sebe kao „pastira stada određenog za klanje" *(Zah*

11:4), autor *Jevanđelja po Mateju,* takođe, preuzima ovo da bi predočio šta se dogodilo Isusu.

Na kraju, dok *Jevanđelje po Marku* ništa ne govori o tome šta se kasnije dogodilo Isusu, autor *Jevanđelja po Mateju,* pošto je Judu prikazao kao iskvarenog pohlepom i onog koji je izdao Isusa zbog novca, preuzima još jedno uputstvo iz *Zaharije,* kako bi ukazao na „naravoučenije priče". Od svih novozavetnih jevanđelja, poznati izveštaj o Judinom pokajanju, očaju i samoubistvu nalazi se samo u verziji *Jevanđelja po Mateju.*[14] Tako, pošto je zapazio šta Zaharija kaže da je uradio s novcem („I uzev trideset srebrnika bacih ih u dom Gospodnji lončaru"), autor *Jevanđelja po Mateju* piše da je Juda pokušao da učini isto:

> Tada vidjevši Juda izdajnik njegov da ga osudiše raskaja se, i povrati trideset srebrnika glavarima svešteničkijem i starješinama govoreći: ja sagriješih što izdadoh krv pravu. A oni rekoše: šta mi marimo za to? ti ćeš vidjeti. I bacivši srebrnike u crkvi iziđe, i otide te se objesi. *(Mt 27:3–5).*

Ipak, *Jevanđelje po Mateju* kaže da Juda čak nije mogao da vrati novac u blagajnu Hrama, kao što je učinio Zaharija, budući da mu je novac bio isprskan krvlju:

IZDAJNIK ILI UČENIK LJUBLJENI?

A glavari sveštenički uzevši srebrnike rekoše: ne valja ih metnuti u crkvenu haznu, jer je uzeto za krv. Nego se dogovoriše te kupiše za njih lončarevu njivu za groblje gostima. Od toga se i prozva ona njiva krvna njiva i do danas. *(Mt* 27:6–8).[15]

Jevanđelje po Mateju objavljuje da su ovi događaji „ispunili ono što je govorio prorok Jeremija", dok okončava priču epizodom koja ukazuje na *Zahariju* 11:12–13, pojačanu Jeremijinom proročkom vizijom Boga koji sudi poročnima kao grnčar koji odlučuje da razlupa svoje neuspele sudove *(Jer* 18:1–3; 19:1–13, stapajući se sa pričom o lončarevoj njivi).

Autor *Jevanđelja po Luki* takođe je poznavao *Jevanđelje po Marku,* i ugradio dosta od njegovih šesnaest poglavlja u sopstveni tekst. On, ne samo da je promenio detalje – često ključne – nego je, uz to, dodavao raznorazne zbirke anegdota o Isusu i učenja koja su mu bila pripisivana. U isto vreme, i on je, isto tako, tumačio i ulepšavao tradicije koje je poznavao usled sopstvene bliskosti sa hebrejskom *Biblijom*. Tako on kazuje priču o rođenju Jovana Krstitelja, na primer, kako bi podsetio na rođenje Isaka, vremešnim Avramu i Sari *(Lk* 1:5–25), jer su Jovanovi roditelji, takođe, kaže on, ne samo bili bez dece, nego su i prevalili godine za rađanje dece *(Lk* 1:7). Luka potom donosi priču o Marijinom čudesnom začeću, kako bi podsetio na priču o tome kako je Hana, inače bez dece, rodila Samuila *(Lk* 1:26–56). Grejanje na vatri biblijskih predaka pomoglo je hrišćanima da se otarase uznemirujućih glasina koje su se kovitlale oko Isusovog sumnjivog rođenja. Iako su autori oba jevanđelja, svakako, znali da ih neprijatelji optužuju da je Isus rođen bez oca, i zbog toga nezakonito; stoga su se, obojica, veoma trudili da, naprotiv, pokažu kako je njegovo rođenje predstavljalo čudo.[16]

Međutim, kada su autori jevanđelja počeli da izlažu čitavu priču o izdaji Isusa, njegovom hapšenju i smrti, naišli su na daleko ozbiljnije neprilike. Jer, kako bi iko mogao da tvrdi da je čovek, koga su Rimljani tako sramno mučili i razapeli, ne samo *bio,* nego i dalje *jeste* mesija, kao što *Jevanđelje po Luki* objavljuje? A priznanje, kao u *Jevanđelju po Luki,* da je jedan od Isusovih najbližih učenika doveo naoružane ljude na brdo, gde su ga i pronašli te noći, i pokušao da ga poljubi kako bi ga identifikovao *(Lk* 22:47–48), moglo je samo da pojača njihovu uznemirenost. Tako je i autor *Luke,* takođe, tragao za refleksijama u *Svetom pismu* kako bi potresnu izdaju stavio u kontekst onoga što su proroci predskazali, kako bi pokazao da ništa što se desilo nije umaklo Božjem nadzoru, nego da je, naprotiv, svaki delić bio deo Božjeg plana.

Autor *Jevanđelja po Luki*, takođe se pitao zbog čega se Juda uputio Isusovim neprijateljima i ponudio da ga izda. Ako je, uopšte, poznavao verziju *Jevanđelja po Mateju*, očigledno je smatrao da žudnja za novcem nije bio dovoljno jak motiv za objašnjenje tako drastičnog čina; tako, on ne govori ništa što bi ukazivalo da je Juda bio pohlepan. Umesto toga, on dodaje tri reči izveštaju iz *Jevanđelja po Marku*, kako bi obuhvatio ono što ljudi, svakako, mora da su govorili: da se Nečastivi, onaj koji je vrebao Isusa od početka njegove javne službe *(Lk* 4:1–13), sada vratio po svoj plen. Jer, kada je Juda, te presudne noći, napustio ostale, *Jevanđelje po Luki* navodi: „A sotona uđe u Judu, koji se zvaše Iskariot, i koji bješe jedan od dvanaestorice" *(Lk* 22:3). U tom trenutku, taj učenik odlazi kako bi pokrenuo zaveru. Tako autor *Jevanđelja po Luki* pokazuje da natprirodne sile zla ostvaruju ono što čovek svojim moćima niti može da izvede, niti da spreči.

Kao što *Jevanđelje po Marku* govori, kada je Juda poljubio Isusa, oslovio ga je sa „Ravi!" Međutim, u svojim izveštajima i *Luka* i *Matej* pojačavaju dramski momenat, ubacujući dijalog. Prema *Matejevom jevanđelju*, Juda kaže: „Zdravo, ravi!", a Isus mu odgovara (kojim tonom, ostaje nam da nagađamo): „Prijatelju, radi zbog čega si ovde" *(Mt 26:50)*. Prema *Jevanđelju po Luki*, međutim, Isus izbegava poljubac i, umesto toga, direktno optužuje Judu:

> Dok on još pak govoraše, gle, narod i jedan od dvanaestorice, koji se zvaše Juda, iđaše pred njima, i pristupi k Isusu da ga cjeliva. Jer im ovo bijaše dao znak: koga cjelivam onaj je. A Isus mu reče: Juda! zar cjelivom izdaješ sina čovječijega? *(Lk 22:47–48)*.

Još jedan zbunjujući deo ove priče predstavlja lakoća s kojom je Isus uhvaćen, dok su se njegovi učenici razbežali. Zar se niko od njegovih sledbenika nije borio da ga spase? Ako nije, zbog čega? U raznim jevanđeljima postoje svedočanstva da su ova pitanja, takođe, mučila pisce. *Jevanđelje po Marku* govori nam da „jedan od onijeh što stajahu ondje izvadi nož te udari slugu poglavara svešteničkoga, i otsiječe mu uho" *(Mk 14:47)*. Međutim, u tom trenutku, govori *Jevanđelje po Marku*, Isus videvši ove događaje kao sopstvenu sudbinu, objavljuje: „(Ali) da se zbude pismo". Tek u tom trenutku, kaže se u *Jevanđelju po Marku*, „ostavivši ga, svi učenici pobjegoše" *(Mk 14:49–50)* – trenutku takve sveopšte pometnje da ga i autor *Jevanđelja po Luki* previđa. *Jevanđelje po Mateju*, međutim, ponovo nalazi izlaz u predskazanjima *Zaharije*. Jer, pre nego što se ovo dogodi, po autoru, Isus predviđa da će ga svi učenici napustiti, i potom priziva Zaharijine reči iz 13:7 dok predskazuje sledeće:

> Tada reče im Isus: svi ćete se vi sablazniti o mene ovu noć; jer u pismu stoji: udariću pastira i ovce od stada razbježaće se. *(Mt 26:31)*.

U ovoj tački, *Jevanđelje po Mateju* sledi izveštaj iz *Jevanđelja po Marku* o tome kako su se svi učenici razbežali. Ali, autor dodaje da je sâm Isus sprečio učenika koji je napao roba, ukorivši ga zbog nasilja i objavivši da bi mogao da prizove natprirodne vojske da ga zaštite, ali da je izabrao da to ne čini:

> Tada reče mu Isus: vrati nož svoj na mjesto njegovo; jer svi koji se maše za nož od noža će izginuti. Ili misliš ti da ja ne mogu sad umoliti oca svojega da mi pošlje više od dvanaest legeona anđela? Ali kako bi se ispunilo što stoji u pismu da ovo treba da bude? *(Mt 26:52–54)*.

Jevanđelje po Luki poboljšava priču i ubacuje čudo. Kao što autor saopštava, pošto je Isusov učenik odsekao desno uvo prvosveštenikovom robu: „A Isus odgovarajući reče: ostavite to. I dohvativši se do uha njegova iscijeli ga" *(Lk* 22:51).

Tako se svaki jevanđelista hrabro suprotstavlja onome što Pavle naziva „sramnom" Isusovom smrću, insistirajući ne samo na tome da je Isus hteo da umre, kao što *Jevanđelje po Marku* govori *(Mk* 9:31), nego da je to učinio znajući i prihvatajući da je njegova smrt bila temelj Božjeg plana spasenja.

Takođe, možemo da vidimo da svaka naredna verzija prikazuje Isusa kako sve više nadzire ono što se događa. Ranjivi Isus postaje sve moćniji, od jednog jevanđelja do drugog, od najranijih izveštaja do onih završnih – to jest, od *Jevanđelja po Marku,* preko *Mateja* i *Luke,* i kao što ćemo videti, do *Jevanđelja po Jovanu.* Dok otkrivamo na koji način svaki autor, ponaosob, opisuje poslednju večeru, primećujemo isti obrazac na delu. Prema *Jevanđelju po Marku,* tokom svoje poslednje noći, Isus je svojim učenicima kazao „jedan od vas će me izdati" *(Mk* 14:18). Autor je uočio pasus u *Psalmima* koji je shvatio kao predskazanje onoga što je Juda učinio („I čovjek mira mojega, u kojega se uzdah, koji jeđaše hljeb moj, podiže na me petu" [*Psal* 41:9]). Imajući ovo na umu, autor *Jevanđelja po Marku* ispisuje poznatu epizodu o poslednjoj večeri, kada Isus otkriva ko će ga izdati, opisujući ga kao onog „koji umoči sa mnom u zdjelu" *(Mk* 14:20).[17] Ni *Markovo*, ni *Lukino jevanđelje* ne kažu da je Isus zaista opisao *ijednog* učenika kao onog koji će ga izdati, ni gestikulacijom, ni imenom, dok *Jevanđelje po Luki* samo kaže da su mu ruke bile na stolu (vidi *Lk* 22:21). Jedino *Jevanđelje po Jovanu* dramatičnije prikazuje Isusa koji nedvosmisleno opisuje zločinca. Kao što autor *Jevanđelja po Jovanu* saopštava, kada učenik najbliži Isusu – kojeg naziva „onaj kojeg Isus ljubljaše" – pita Isusa „ko je to?" *(Jn* 13:25), Isus daje izričit i konačan odgovor. Ovde, možda ne tako iznenađujuće, Isusov odgovor do detalja odgovara predskazanju: „Onaj je kome ja umočivši zalogaj dam. I umočivši zalogaj dade Judi Simonovu Iskariotskome" *(Jn* 13:26).

U ovoj epizodi, autor *Jevanđelja po Jovanu* prikazuje Isusa kako brine o svakom činu u drami – kao što čini i kroz čitavu priču o stradanju. Čak i pre nego što je ukazao na Judu, Isus je svojim učenicima već saopštio da mu je „došao čas" da „prijeđe s ovog svijeta k ocu" *(Jn* 13:1). Tek pošto je pokazao da je Isus predvideo i prihvatio svoju predstojeću smrt, autor *Jevanđelja po Jovanu*, isto kao i autor *Jevanđelja po Luki*, saopštava da su sile zla ovladale Judom: „I po večeri kad već đavo bješe metnuo u srce Judi Simonovu Iskariotskome da ga izda" *(Jn* 13:2). Ali, kako bi pokazao da Isus nadzire čak i kad Satana obuzima Judu, Jovan objavljuje da tek „I po zalogaju tada uđe u njega sotona" *(Jn* 13:27). I u tom trenutku, Isus daje Judi zapovest: „Šta činiš čini brže" *(Jn* 13:27). *Jevanđelje po Jovanu* kaže da niko drugi za stolom nije znao šta to znači, premda su mnogi smatrali da Isusova zapovest ima veze sa Judinim staranjem za novčana sredstva. Malo pre toga, *Jevanđelje po Jovanu* identifikovalo je Judu kao kradljivca i pohlepnog čoveka koji ostale učenike prekoreva da bi pokazao sopstvenu pobožnost *(Jn* 12:4–6). Kao što autor *Jovana* kaže, Isus ne samo da je odbio da dopusti Judi da ga poljubi, nego sâm preuzima inicijativu – ne jednom, nego dva puta – kako bi se *identifikovao* kao čovek koga su došli da uhapse. Dakle, kada je Juda stigao, predvodeći „četu i od glavara svešteničkijeh i fariseja momke" koji su sa sobom nosili fenjere, sveće i oružje:

> A Isus znajući sve što će biti od njega iziđe i reče im: koga tražite? Odgovoriše mu: Isusa Nazarećanina. Isus im reče: ja sam. A s njima stajaše i Juda koji ga izdavaše. A kad im reče: ja sam; izmakoše se

natrag i popadaše na zemlju. Onda ih opet zapita Isus: koga tražite? A oni rekoše: Isusa Nazarećanina. Isus im odgovori: kazah vam da sam ja. Ako dakle mene tražite, ostavite ove nek idu. *(Jn* 18: 4–8)

Kako vojnici odstupaju i padaju na zemlju, bespomoćni pred njim, postaje jasno da je Isus taj koji izdaje naređenja – čak zapoveda vojnicima koga da uhapse, a koga da puste.

Kada se osvrnemo na *Jevanđelje po Judi,* onda vidimo da sve što ovaj autor čini jeste da zadrži korak prednosti u tom smeru i pokaže Isusa koji nadrzire sve. Kao što *Jevanđelje po Marku* govori da je Isus odabrane učenike uputio da pripreme Pashu i njegov ulazak u Jerusalim, i kao što *Jevanđelje po Jovanu* saopštava da je sâm Isus zapovedio Judi da krene i „čini šta ima da čini", tako i *Jevanđelje po Judi* kaže da je Isus naredio Judi da ga preda, da bi ono što treba da se dogodi, moglo i da se dogodi. Ali, *Jevanđelje po Judi* na ovom mestu okončava priču. Nema priče o hapšenju, mučenju, raspeću, vaskrsenju. Kao rezultat, *Jevanđelje po Judi* uspeva da skrene pogled sa Isusove smrti na ono što on otkriva Judi pre nego što umire – na misterije o carstvu.

Ali, ima li u svemu ovome mesta za istoriju? Šta se zaista dogodilo? Vekovima su hrišćani autore držali za reč, ne samo u pogledu toga da su se svi ovi događaji odigrali onako kako novozavetna jevanđelja govore, nego da su bili predskazani stotinama godina pre nego što su se dogodili, tako iznova uveravajući vernike da se svaki detalj desio baš kao što je bilo i predviđeno. Danas se istraživači *Novog zaveta* razlikuju u proceni onoga što je, i do koje mere, u pričama jevanđelista zasnovano na stvarnoj istoriji. Poređenjem izveštaja, shvatamo da su autori jevanđelja poradili na pričama o Isusovoj smrti kako bi ukazali na teološki smisao koji su želeli da istaknu – i da ukažu na osnovni problem da je Božji mesija stradao užasnom smrću kao zločinac u rukama rimskih okupacionih vlasti. Koliko toga su izmislili? Da li je moguće da su ovi događaji, sasvim izvesno nadahnuti proročkim tekstovima, u stvari napisani *na osnovu* njih, bez ikakve istorijske osnove? Novozavetni istraživač Džon Dominik Krosan, postavlja pitanje na ovakav način. Jesu li detalji iz izveštaja o raspeću „predskazana istorija" ili su to „istorizovana predskazanja"?[18]

Bez sumnje, ima slučajeva kada su autori jevanđelja izmislili epizode služeći se pasusima iz proročkih predskazanja. Uporedimo, na primer, kako su autori *Jevan-*

IZDAJNIK ILI UČENIK LJUBLJENI? 59

đelja po Marku i Mateju pripovedali o Isusovom „trijumfalnom ulasku" na dan koji hrišćani nazivaju Cvetna nedelja. Prethodno smo zapazili kako autor *Markovog jevanđelja* kazuje priču: da je Isus ujahao u Jerusalim na magarcu, pozdravljen klicanjem svojih sledbenika kao kralj Izrela. Autor *Jevanđelja po Mateju* zapazio je, razume se, da je autor *Jevanđelja po Marku* mislio na Zahariju kada je opisivao ovaj prizor, da bi potom i sâm priči dodao još nekoliko redova. Kada autor *Mateja* ponovo donosi priču, on u stvari, netom pre toga ubacuje sopstvenu parafrazu Zaharijevog proročanstva iz 9:9. „Kažite kćeri Sionovoj: evo car tvoj ide tebi krotak, i jaše na magarcu, i magaretu sinu magaričinu" *(Mt* 21:5). Ali, pazeći da Zaharijevo proročanstvo prenese onako kako ga je ovaj i zapisao, autor izgleda nije primetio da poslednja fraza iz njegovog prorčanstva predstavlja dobro poznatu stilsku figuru pesničkog ponavljanja. Tako ispada da je autor *Jevanđelja po Mateju* bio čvrsto rešen da prikaže scenu koja bi što je moguće više odgovarala proročanstvu tako da je promenio priču iz *Jevanđelja po Marku* kako bi preneo da je Isus naredio svojim učenicima da mu dovedu i magarca *i* mladunče. Rezultat je da *Jevanđelje po Mateju* donosi pomalo smešnu sliku o Isusu koji ulazi u Jerusalim jašući na dve životinje istovremeno: „I učenici otidoše, i učinivši kako im zapovjedi Isus. Dovedoše magaricu i magare, i metnuše na njih haljine svoje, i posadiše ga na njih" *(Mt 21:6–7).*

Do koje mere ovakva izmišljanja idu? Da li su autori *Jevanđelja po Mateju* i *Marku,* isto tako, izmislili i priču o Judinoj izdaji? Neki istraživači tvrde da su autori jevanđelja pozajmili Isaijinu viziju napaćenog Božjeg roba kao predskazanje da će Isus biti izdan, to jest, „predat za naše grehe", na šta ukazuje jedna verzija grčkog prevoda.[19] Kada su Isusovi sledbenici pitali ko je taj koji bi mogao da ga izda, ima onih koji smatraju da su autori *Jevanđelja po Marku* i *Mateju* pronašli odgovor u *Psalmu* 41:9: „I čovjek mira mojega, u kojega se uzdah, koji jeđaše hljeb moj, podiže na me petu". Kada su učenici bili na večeri sa Isusom, one noći pre nego što je umro, postavili su mu isto pitanje – ko će ga izdati? *Jevanđelje po Marku* i *Mateju* govore nam da u njegovom odgovoru odjekuju reči iz Davidovog proročanstva:

> ... I kad jeđahu reče im (Isus): zaista vam kažem: jedan između vas izdaće me. I zabrinuvši se vrlo počeše svaki govoriti mu: da nijesam ja, Gospode? A on odgovarajući reče: koji umoči sa mnom ruku u zdjelu onaj će me izdati. *(Mt 26:20–23).*

Istraživači koji na ovu priču gledaju kao na „istorizovano proročanstvo", tvrdili su da su jevanđelisti izabrali pasuse poput ovih i skrpili ih u jednu celinu kako bi dobili priču o Judi. Neki, opet, zaključuju da je izveštaj o Judinoj izdaji lišen bilo kakavih istorijskih osnova.[20]

I dok ovo nije nemoguće, ipak ostaje pitanje zbog čega bi je Isusovi sledbenici izmislili. Jer, priznanje da se jedan od najbiližih Isusovih sledbenika, u stvari, okrenuo protiv njega i izdao ga, predstavljalo je strašnu sramotu. Ako to nije tačno, da li bi Isusovi sledbenici reskirali da navuku takvu sramotu na sopstveni pokret? A ako je neko izvan grupe izmislio figuru poput ove, zar se Isusovi sledbenici ne bi potrudili da to odbace kao gnusnu laž? Budući da je priča bila dobro poznata i nesporna, izvesno je da je neko unutar pokreta zaista izdao Isusa.[21] Jer, kao što smo videli, umesto da poriču ovu neprijatnu činjenicu, autori novozavetnih jevanđelja pokušavaju samo da ublaže utisak o njoj – najpre, tvrdeći da je Isus znao i prihvatio ono što treba da se dogodi; kao drugo, smeštajući ovaj događaj u kontekst proročanstava, da pokažu da se ništa, ma kako užasno, ne dešava po strani od Božjeg plana.

Čak i kada razmatraju događaje za koje su znali da su se dogodili, jevanđelisti su pretraživali jevrejsko *Sveto pismo* u potrazi za proročanstvima koja su izgledala pogodna, kao što lament kralja Davida nad izdajom svog prijatelja u *Psalmu* 41 može da se razume kao predskazanje Judine izdaje Isusa. Često vidimo da se istorizam ovih događaja manje tiče jevanđelista, a više moralne lekcije koju žele da prenesu – na primer, da u slučaju Judinog samoubistva, zlo donosi propast.

Svako jevanđelje, dakle, iznova donosi priču o Isusovoj smrti, kao načinu isticanja teoloških mesta koje autor želi da obrazuje: U slučaju *Jevanđelja po Marku*, bilo je neophodno da Božji mesija pati i umre kako bi objavio carstvo Božje i konačan kraj svih stvari. *Jevanđelje po Mateju* iznosi tvrdnju da je sve što se dogodilo bilo deo Božjeg plana, čak i kada je Juda na sebe navukao taj najgori ljudski greh – pohlepu. U *Jevanđelju po Luki*, Isus je prikazan kako potpuno kontroliše stvari, čak i Satanu koji ulazi u Judu kako bi do kraja izvršio Božji plan. *Jevanđelje po Jovanu* odlazi najdalje u prikazivanju Isusa koji upravlja svim događajima, čak i sopstvenom izdajom.[22] *Jevanđelje po Judi*, dakle, predstavlja samo još jedno kazivanje mnogo puta ispričane priče, ali joj daje potpuno novi obrt, upravo onaj koji se okreće protiv „dvanaestorice".

DRUGO POGLAVLJE

Juda i dvanaestorica

Kada jednom uvidimo da sva novozavetna jevanđelja smatraju Judinu izdaju Božjom voljom, izgleda manje neobično da smatramo da je Juda sledio Isusova uputstva da ga preda, kao što *Jevanđelje po Judi* kaže. Mnogo više iznenađuje način na koji *Jevanđelje po Judi* obrće naglavačke ono što znamo o drugim učenicima – ili ono što smo mislili da znamo. Ovo jevanđelje ne samo da uzdiže učenika koga svi drugi smatraju zlikovcem; ono, takođe, snažno osuđuje „dvanaestoricu". Jer, kada dolaze Isusu, uznemireni snom o sveštenicima u oltaru koji prinose na žrtvu sopstvene žene i decu i čine sve moguće grehe i nepravde – i to u Isusovo ime – njegov odgovor ih preneražuje i razjaruje: „*Vi* ste oni koje videste da prihvataju žrtve na oltaru... A domaće životinje koje videste prinesene na žrtvu jeste narod koji vodite na stranu od ol[t]ara" (*Juda* 5:1; 4). Ovde se učenici koje su mnogi hrišćani poštovali kao vođe i osnivače pokreta pojavlju kao oni koji izdaju Isusa – a ne Juda.

Radikalizam poput ovog preokreće tradicionalnu priču iz jevanđelja, a kada ovo novootkriveno jevanđelje uporedimo sa *Novi zavetom,* možemo da uočimo da autor *Jevanđelja po Judi* uglavnom čini isto što i drugi hrišćani – jer, ne samo da, praktično, svako jevanđelje uzdiže jednog ili nekoliko učenika na račun ostalih, nego, isto tako i priče o učenicima često stavljaju u konflikt. Ove priče značajne su za istoričare zbog toga što pružaju uvid u međusobne borbe za vlast ranih hrišćana, i zbog toga što dosta toga govore o pitanjima oko kojih su se ovi najraniji vernici prepirali.

Jevanđelje po Marku, na primer, prikazuje Petra kao imenovanog vođu grupe posle Isusove smrti, tvrdeći da je Petar bio prvi koji je shvatio ko je Isus – Božji mesija – premda je Petar, kasnije, pogrešno razumeo Isusa, pa čak i poricao da ga je poznavao *(Mk* 8:27–33; 14:53–72). *Jevanđelje po Mateju* nedvosmisleno potvrđuje Petrovu nadmoć, i čak dodaje tvrdnju – jedinstvenu u čitavom jevanđelju – da je sâm Isus objavio da je Bog izabrao Petra da obelodani ko je Isus, i da bude kamen temeljac buduće crkve:

> I odgovarajući Isus reče mu: blago tebi, Simone sine Jonin! Jer tijelo i krv nijesu to tebi javili, nego otac moj koji je na nebesima. A i ja tebi

kažem: ti si Petar *(petros)*, i na ovome kamenu *(petra)* sazidaću crkvu svoju, i vrata paklena neće je nadvladati. I daću ti ključeve od carstva nebeskoga: i što svežeš na zemlji biće svezano na nebesima, i što razdriješiš na zemlji biće razdriješeno na nebesima *(Mt* 16:17–19).

Iz ovog zvučnog odobravanja Petra, koje autor *Matejevog jevanđelja* stavlja Isusu u usta, hrišćani u kasnijim pokolenjima razvili su predstavu o Petru kao nebeskom čuvaru – onom koji odlučuje o tome ko ulazi na „biserna vrata" na nebesima i vrši božansku vlast na zemlji.

Autor dvotomnog dela *Jevanđelja po Luki* i *Dela apostolskih* donosi pomalo drugačiju priču: da Isus objavljuje da će sva „dvanaestorica" vladati s njim kao njegov savet u dolazećem carstvu, čak i kada govori o nekoliko stena kako bi pokazao da je, među „dvanaestoricom", Petar nadmoćan i da govori u ime svih apostola kao njihov nesporni vođa *(Lk* 22:29–32; 24:34, *Dl* 1:15, 2:14).

Ipak, kada zavirimo u druge rane tekstove – i one unutar *Novog zaveta* i one izvan njega – shvatamo da su se drugi hrišćani opirali pokušajima veličanja Petra, da su sumnjali u njegov sud i njegovu prirodu, dok su neki, umesto Petra, zagovarali prevlast drugih. *Jevanđelje po Jovanu*, na primer, daje drugačiju sliku Isusovih učenika. Autor *Jevanđelja po Jovanu* priznaje da Petar ima istaknut položaj među učenicima, ali ga neprestano prikazuje tek kao *iza* onog koga smatra najistaknutijim među učenicima – onog koga jednostavno naziva „učenikom kojega Isus ljubljaše" *(Jn* 13:23). Ovo jevanđelje priznaje Petru zakonito starešinstvo, ali učenika ljubljenog stavlja iznad njega kao istaknutijeg vođu. Kako *Jevanđelje po Jovanu* saopštava, „onaj kojega Isus ljubljaše" trčao je s Petrom do grobnice i stigao prvi, i premda nije prvi ušao u grobnicu, on je – ne Petar – bio prvi koji je verovao da je Isus ustao iz mrtvih. Pored toga, *Jevanđelje po Jovanu* pokazuje da je Marija Magdalena, a ne Petar, bila prva koja je videla vaskrslog Isusa i govorila s njim, i da ju je on odredio da ostalim učenicima objavi vaskrsenje *(Jn* 20:1–4, 8, 11–18). I „učenik ljubljeni" i Marija, na taj način, nadmašuju Petra kao glavnog svedoka vaskrsenja.

Jevanđelje po Tomi, slično *Jevanđelju po Jovanu*, ubraja Petra među vođe, ali ukazuje da je Toma bio onaj koji je primio dublje značenje Isusovog jevanđelja. Ipak, prema *Jevanđelju po Tomi*, kada ovaj učenik pita Isusa: „Ko će nas voditi kad ti odeš?" Isus mu odgovara: „Idite Jakovu Pravednom" – misleći, očigledno na svog brata (up. *Mk* 6:3), koga su mnogi smatrali Isusovim zakonitim naslednikom. Prema tradiciji, Jakov je predvodio jednu od najranijih grupa Isusovih sledbenika u Jerusalimu, do oko 62. godine nove ere, kada je, navodno, bio gurnut s pločnika i premlaćen na smrt.[1] Do dana današnjeg, crkva Sv. Jakova u Jerusalimu, gde stoluje biskup Jermenske pravoslavne crkve, slavi Jakova, a ne Petra, kao Isusovog glavnog apostola.

Jevanđelje po Tomi, takođe, izveštava o raspravi između Petra i Marije iz Magdale, kada se Petar obraća Isusu: „Neka nas Marija ostavi, jer žene nisu vredne (duhovnog) života". Međutim, umesto da udalji Mariju, kao što Petar traži, Isus prekoreva Petra i objavljuje: „Načiniću Mariju duhom živim"[2], kako bi ona – ili ma koja žena – bila u stanju da dostigne duhovni život kao svaki muškarac.

Čitav niz ranih tekstova, pre svega *Jevanđelje po Mariji*, govore o prepirkama koje su izbijale između Petra i Marije.[3] *Jevanđelje po Mariji* prikazuje je kako preuzima ulogu starešine među učenicima u času kada shvata da su ovi, posle Isusove smrti, više nego užasnuti da bi mogli da propovedaju jevanđelje, strahujući da će, kao i njihov učitelj, biti uhapšeni i ubijeni. U tom trenutku, Marija ustaje i počinje da im se obraća kako bi ih ohrabrila i „upravila srca ka Dobru" *(Marija*

5:9).⁴ Potom Petar, priznajući da ju je „Spasitelj voleo više nego sve druge žene", traži od Marije da im kaže „reči Spasiteljeve po kojima ga pamtiš, koje znaš, a koje mi nismo ni čuli" *(Marija* 6:2). Međutim, pošto je Marija pristala i rekla Petru da će sada podeliti s njim ono što je Isus krio od drugih učenika, Petar ljubomorno pita: „Je li on, dakle, govorio s ženom nasamo, i to bez našeg znanja? Hoćemo li se okrenuti njoj i slušati je? Da li je izabrao nju naspram nas?" *(Marija* 10:3–4). Uznemirena njegovim besom, Marija uzvraća: „Petre, brate moj, šta li ti zamišljaš? Da li misliš da sam ovo izmislila u svom srcu, ili da lažem o Spasitelju?" *(Marija* 10:5–6). U tom času, ustaje Levi kako bi izgladio spor:

> „Petre, uvek si bio gnevan čovek. Sada shvatam da si protiv žena kao i Neprijatelji. Ako je po Spasitelju ona dostojna, ko si ti, zaista, da je odbacuješ? Zasigurno je Spasitelj poznaje odlično. Zato ju je voleo više nego nas." *(Marija* 10:7–10)

Uzdizanjem jednog ili više učenika iznad drugih, svaka od ovih priča izražava pretenziju onih koji govore u Isusovo ime kada njega više nema. Sve ove priče pokušavaju da daju odgovor na ova pitanja: Ko sada poseduje njegovu moć? Ko će doći na njegovo mesto? Ko je najtešnje povezan sa Isusom, i čijim vizijama treba verovati? Praktična posledica ovih priča – i bez sumnje, jedna od njihovih svrha – bila je da se ograniči krug ovlašćenih osoba na malu, precizno imenovanu grupu učenika. Kako *Dela apostolska* govore, oni kojima je Isus direktno preneo svoju silu, kao što su „dvanaestorica", kasnije „metnuše ruke na njih" kako bi, isto tako, na druge preneli silu koju su primili *(Dl* 6:6). Danas mnoge hrišćanske crkve obavljaju ovaj proces u obredu nazvanom „rukopoloženje", kada biskup ili drugi sveštenik „polaže ruke" na onoga kome prenosi božansku silu – proces koji se, u različitim oblicima, prenosi od prvog veka do danas, u crkvama širom sveta, isti onaj koji se često koristio u slične svrhe: da pokuša da izgladi sporove oko vlasti i preimućstva, dajući nekima za pravo ili izopštavajući druge.

Ipak, novozavetna jevanđelja i poslanice idu i dalje od uzdizanja nekih učenika na račun drugih. Takođe nam pokazuju koja pitanja su podelila vernike tokom godina oblikovanja pokreta. Rasprava između Petra i Marije, u *Jevanđelju po Mariji,* na primer, ukazuje da se jedno pitanje pokazalo eksplozivnim: Može li žena da bude vođa učenika – ili, može li žena uopšte da bude učenik? Čak i danas, hrišćani se često pozivaju na ova jevanđelja, zajedno sa drugim kanonskim tekstovima, kao što je *Prva poslanica Timotiju,* kako bi „dokazali" da žena ne može da zauzima vodeća mesta u hrišćanskim crkvama, ali, u stvari, pitanje je bilo predmet žučne rasprave, kao što ove priče o raspravama između Marije i Petra i prikazuju.[5]

Kada su hrišćani u kasnijim naraštajima prepričavali priče o rivalstvu među učenicima, i kada su birali koje priče da pričaju a koje da izostave, često su se, dakle, opredeljivali za strane u sporovima među različitim grupama. Priče o sukobima među učenicima često su dramatizovale napetosti oko naročitih – i praktičnih – pitanja: međutim, ovi sukobi, najčešće, nisu dovodili do rascepa unutar grupa. Autori se, prilično često, služe raspravom kako bi ispravili neku vrstu zablude kod učenika. Na primer, prema *Jevanđelju po Marku,* dva brata, Jakov i Jovan, „pred njega (Isusa) dođoše govoreći: učitelju! hoćemo da nam učiniš za što ćemo te moliti". Kada ih Isus upita šta žele, oni mu prizanju da žele da im obeća da će njih dvojicu odrediti za glavne savetnike u dolazećem carstvu, a kad su drugi učenici čuli za to, prilično razumljivo, „počeše se srditi na Jakova i na Jovana". Međutim, Isus im potom kaže da su potpuno pogrešno shvatili šta znači biti učenik – takvo obećanje neće doći onima koji ga sami traže *(Mk* 10:35–45). Biti učenik znači odustati od života – i sopstvene vlasti – kako bi služili drugima.[6]

Shvatajući da novozavetna jevanđelja sadrže mnogo ovakvih priča u kojima su Isusovi sledbenici prikazani kao nesložni, uočavamo da uprkos ovim neslaganjima, obe strane u sporu obično ostaju unutar iste zajednice. Mnogi sukobi koje jevanđelja opisuju pokazuju da su hrišćanske grupe, i onda kao i sada, bile sposobne da, bez rascepa, prihvate različita stanovišta o spornim pitanjima. Iako je kasnija tradicija često insistirala da svi glasovi uključeni u novozavetnu zbirku, praktično, govore istu stvar, mi danas možemo da uočimo mnoge razlike među tim glasovima, a oni koji su ih okupili u jedinstveni kanon, u velikoj meri su tolerisali različite tačke gledišta, da tako kažemo, „unutar porodice".

Različitost, dakle, nije ništa novo. Naprotiv, naši najraniji izvori pokazuju da je, samo dvadeset godina posle Isusove smrti, Pavle bio zaprepašćen otkrivši da se različite grupe njegovih sledbenika udružuju sa različitim učiteljima. Pavle prekoreva hrišćane u grčkom lučkom gradu Korintu zbog „zavisti i svađe i nesloge... Jer kad govori ko: ja sam Pavlov; a drugi: ja sam Apolov; nijeste li tjelesni?" *(1 Kor 3:3–4).*

Ali, uprkos ovome, Pavle je bio prvi, koliko je nama poznato, koji je otvorio raspravu koja je zapretila da podeli pokret. U svojoj *Poslanici Galatima,* Pavle naziva Petra hipokritom i osuđuje ga zbog toga što odbija da jede sa nezanabošcima (2:11–21). Kako Pavle kaže, kada je Petar došao u Siriju da se sretne s njim, on najpre jede sa Pavlom i njegovim neznabožačkim sledbenicima, što znači da se Petar privremeno odrekao ishrane po košeru koje se obično pridržavao. Ali, Pavle kaže da, kada su stigli drugi sledbenici Isusa, oni iz grupe koju je predvodio Jakov, Petar prestaje da jede zajedno sa neznabošcima. Ogorčen, Pavle javno optužuje Petra da je hipokrit koji se pobojao šta će drugi Jevreji pomisliti – i propustio da se ponaša u skladu sa onim što je Pavle tvrdio da je „istina jevanđelja" *(Gal* 2:5). Pavle vatreno objavljuje svojim neznabožačkim sledbenicima da svako ko „vam javi jevanđelje drukčije nego što vam javismo" – makar bio i „anđeo s neba" – ili, sâm Petar, nagoveštava on – „proklet da bude!" I da neko ne bi pomislio da on govori impulsivno, Pavle nedvosmisleno ponavlja kletvu: „Kao što prije rekosmo i sad opet velim: ako vam ko javi jevanđelje drukčije nego što primiste, proklet da bude!" *(Gal* 1:9). Za Pavla je Isusova smrt bio znak da je Bog proširio obećanje o spasenju na sve narode; nastaviti sa pokoravanjem isključivim zakonima ishrane bilo je ravno poricanju istine iz jevanđelja. Kada jedan vođa proklinje drugog, kao što Pavle ovde čini, sukobi lako mogu da se pretvore u šizmu, kao što se, možda, dogodilo kada su se ljudi, koji su podučavali da preobraćenici moraju da se obrezuju i da se pridržavaju jevrejskih zakona ishrane, odvojili od drugih hrišćana.

Na početku je hrišćanski pokret bio krhka tvorevina, često razdirana neslogom, kao što *Novi zavet* jasno potkrepljuje. Ipak, zbog čega toliko mnogo ljudi ima drugačiji utisak – da je rana crkva bila jedinstvena i harmonična zajednica vernika koji su zajedno živeli u radosti molitve i bogosluženja, smatrajući sav imetak zajedničkom imovinom, „jednog srca i jedne duše" *(Dl* 4:32)? I zbog čega većina hrišćana danas smatra Petra i Pavla braćom apostolima koji su se zajedno borili u prvim danima – a ne, kako Pavle sam kaže, kao suparnike zaokupljene teškim bitkama oko značenja Isusove smrti?

Ovaj utisak nije slučajnost. Naprotiv, brižljivo ga je sazdao autor koji je napisao *Jevanđelje po Luki* i *Dela apostolska*. Budući da je želeo da izgladi neslaganja koja su vodila u šizmu, ovaj autor je izabrao da zataška teške borbe između Petra i Pavla i, umesto toga, pruži uzornu sliku u *Delima apostolskim* da bi pokazao kako vernici *treba* da rešavaju međusobne razlike.[7] *Dela* govore o tome kako je sazvan sabor apostola u Jerusalimu. Posle rasprave o Pavlovom propovedanju neznabošcima – što je, kako se navodi, izazvalo „ne malu prepirku s njima" – Jakov, najstariji iz grupe, ustaje i predlaže kompromisno rešenje, što prihvata čitava kongregacija i potom poslanicom prenosi svim neposvećenim vernicima *(Dl* 15:1–35). Autor *Luke i Dela,* bez sumnje je nameravao da svojom slikom o harmoniji unutar rane crkve pothrani duh jedinstva – upravo zato što je shvatao da se ono što često nazivamo ranom crkvom, u stvari, sastojalo od raznolikih i raštrkanih grupa vernika. Nekoliko starešina proklelo je druge isto tako oštro kao što Pavle proklinje Petra. Ipak, kao što smo videli, ovakvi lokalni sukobi obuhvatali su više od ličnog suparništva ili borbe za vlast; u isto vreme, tražili su odgovore na središnja pitanja: Ko zaista razume „jevanđelje" – i kako ga treba upražnjavati? Treba li robove – slobodne u Hristu – osloboditi njihovih zemaljskih gospodara? Treba li neznabožački preobraćenici da se pridržavaju jevrejskih zakona – i ako treba, kojih? Kojim vođama se može verovati?

Nesloga, takođe, obeležava i *Jevanđelje po Judi.* Šta treba da činimo sa najčudnijim delovima *Jevanđelja po Judi* – pasusima u kojima Isus napada „dvanaestoricu", podsmeva im se, odbacuje njihovo bogosluženje, nalaže im da prestanu sa prinošenjem žrtvi, i predstavlja ih kao sveštenike zla koji šalju ljude na klanicu – ubijajući čak i sopstvene žene i decu – kako bi umilostivili svog Boga? Na koji način ono sme da tvrdi da su „dvanaestorica", a ne Juda, izdali Isusa?

Nisu li ovo buncanja pomahnitalih jeretika? Crkvene vođe, poput Ireneja, sigurno bi ovako uzvratili, budući da čak i najbezazlenije disidente opisuju kao zaluđene Sataninim lukavstvom.[8] Ili, ukazuje li ovakva slika „dvanaestorice" učenika i njihovih sledbenika na tako važna pitanja, zbog kojih su hrišćani na obe strane bili spremni da jedni druge predaju paklu? Za razliku od drugih neslaganja koja su tinjala u ranoj crkvi, ovo pitanje je, nesumnjivo, podelilo zajednice. Zapravo, autor prikazuje raspravu koja se pokazala fatalnom, jer „dvanaestorica" kamenuju Judu.

Šta leži iza ovih polarizovanih optužbi? Pošto smo, neko vreme, radile na *Jevanđelju po Judi*, shvatile smo da ne možemo olako ovog autora da zanemarimo kao nerazumnika ili jeretika. Kada jevanđelje stavimo u kontekst onoga što znamo o hrišćanima iz drugog veka, vremena kada je *Jevanđelje po Judi* bilo sastavljeno, autora jasno vidimo kao hrišćanina koji zauzima čvrst – i, do kraja, gubitnički – stav o pitanju koje je silno mučilo hrišćane njegovog doba: nastavku progona Isusovih sledbenika u rukama Rimljana.

U početku, hrišćanstvo su činile male i nepoznate grupe koje nisu mnogo privlačile pažnju Rimljana. Sledbenici Isusa sastajali su se po kućama i, očigledno, bili malo vidljivi u javnosti. Stvarni progoni bili su lokalni i sporadični, u zavisnosti od stavova lokalnih zajednica i naklonjenosti rimskih magistarata. Ipak, uprkos ovim nevelikim progonima, hrišćani nisu bili bezbedni sve do 313. godine, kada je car Konstantin, vođen sopstvenim preobraćenjem, naredio toleranciju vera. Do tog vremena, usled opiranja hrišćana da prinose žrtve rimskim bogovima, smatrani su ili ateistima ili izdajnicima. Oni koji su obožavali rimske bogove, povezivali su prinošenje žrtvi sa temeljnim društvenim vrednostima: pokoravanju bogovima, građanskoj i carskoj poslušnosti, porodičnim dužnostima, miru i napretku. Najistaknutije prinošenje žrtvi bile su velike javne priredbe, uključujući procesije, molitve, znamenja i praznične trpeze, kao i stvarno klanje i prinošenje žrtvi, a to su mogli da budu glavni politički događaji, naročito kada su žrtve prinošene u ime rimskog cara kao znak odanosti i podrške. Odbiti podršku rimskim bogovima, u to vreme, bio je mogući znak pobune protiv samog Rima. Tako, ako bi hrišćani privukli pažnju vlasti, mogli su da budu mučeni ili divljački ubijani kao ateisti ili izdajnici Rima.

Premda, tokom prvog i drugog veka, broj uhapšenih i pogubljenih, izraženo u brojkama, nije bio veliki, svaki vernik bio je, bez sumnje, bio svestan opasnosti i morao da razmišlja šta da preduzme ako bude uhvaćen ili optužen. Situacija se dramatično pogoršala u trećem veku (249–252. godine n. e.), kada je car Dekije pokušao da sistematski natera hrišćane da dokažu svoju lojalnost, zahtevajući od svakoga da prinese žrtvu bogovima, i da to dokaže pridržavajući se propisa pod nazivom *libellus*. U ranom četvrtom veku (303–305. godine nove ere), car Dioklecijan naredio je da svako prinese žrtvu ili se suoči sa smrću. Ovi nasilni pokušaji iskorenjivanja hrišćanstva bili su kratkog veka – i potpuno neuspešni – ali su se snažno urezali u kolektivnu svest hrišćana, koji do današnjih dana ispredaju priče, veličajući herojsku sudbinu prvih mučenika.[9]

Kao i svaki hrišćanin njegovog vremena, i autor *Jevanđelja po Judi* znao je da je postati hrišćanin bilo opasno. Kad god bi se progoni razbuktali, strah mora da je zavladao u životima onih koji su pripadali pokretu.[10] Tertulijan, čija je severnoafrička zajednica bila na meti progona u trećem veku, govori kako strah od nasilja prati hrišćane na svakom koraku, dok vojnici i magistrati upadaju na njihove zborove gde se okupljaju radi bogosluženja, tražeći vođe, rasterujući užasnute vernike i preteći hapšenjem.[11] Situacije slične ovoj podsticale su na vatrene rasprave među vernicima u pogledu reakcije. Šta je vernik trebalo da preduzme? Nekolicina je predlagala da čovek treba da izjavi sve što mu je neophodno da se spase, tvrdeći da je „Hristos umro za nas, da bi mi živeli"[12]. Ali, većina se slagala da budu li optuženi, treba pre da priznaju da su hrišćani, nego da prinesu žrtve rimskim bogovima, jer je Isus upozorio: „A ko se odreče mene pred ljudima, odreći ću se i ja njega pred ocem svojijem koji je na nebesima" *(Mt* 10:32–33). Neki učitelji, stoga, uključujući i čuvenog Herakleona iz drugog veka, kasnije žigosanog kao jeretika, preporučivali su da vernici ne treba *dobrovoljno* da izjavljuju da su hrišćani, ali ako ih upitaju, treba da „priznaju Hrista" i podnesu posledice – čak i nemilost i torturu, često praćene mučnim, spektakularnim, javnim pogubljenjem.[13]

Ipak, neke druge situacije bile su mnogo problematičnije. Šta ako se zna da Rimljani dolaze? Da li treba bežati? – kao što je Isus govorio svojim učenicima: „A kad vas potjeraju u jednom gradu, bježite u drugi. Jer vam kažem zaista: nećete obići gradova Izrailjevijeh dok dođe sin čovječij" *(Mt* 10:23) – ili bi to bio kukavičkluk kojim bi na sebe navukli isto tako strašno prokletstvo kao da su prineli žrtvu? Da li bi bilo prihvatljivo podmititi vlasti kako bi se izbegao taj užasan trenutak kada čovek ili mora da porekne da je hrišćanin ili da se suoči sa torturom i smrću? A šta sa ucenjivačima? Treba li platiti da bi se umilostivili ljudi koji prete da će progovoriti o njima? Ovde bi neki navodili Isusove reči: „Načinite sebi prijatelje nepravednijem bogatstvom, da bi vas kad osiromašite primili u vječne kuće" *(Lk* 16:9). Ponekad bi, takođe, hrišćani bili u mogućnosti da plate otkup za one koji su već priznali, i tako im pomogli da izbegnu mučeništvo. Da li je ovakav čin bilo hrišćansko milosrđe ili su na taj način sprečavali izvršenje Božje volje?[14] O ovim pitanjima znamo da se raspravljalo jer je Tertulijan napisao raspravu *O izbegavanju progona* (oko 212. godine nove ere), u kojoj govori upravo o ovim pitanjima. Dok nudi neke praktične savete, predlažući hrišćanima da se sastaju noću i uvek u malim grupama od po troje, kako ne bi privlačili pažnju, on čvrsto insistira da ni u kom slučaju ne treba da izbegavaju mučeništvo. Sve što se događa, uverava ih on, odvija se u skladu sa Božjom voljom, jer veliča Boga i jača zajednicu vernih. Jedan neimenovani hrišćanin, čak, zahteva da se mučeništvo smatra dobrom pogodbom: Propateći jedan sat, možete sebi priuštiti večni život![15]

Kako bi ohrabrio svoju sabraću vernike da se hrabro suoče sa smrću, oni koji su gledali mučenike kako umiru, zabeležili su izveštaje o njihovoj zapanjujućoj hrabrosti. Čuveni izveštaj govori o izvesnom slučaju koji se dogodio 177. godine u seoskoj Francuskoj.[16] U gradovima Lionu i Vjeni, Irenej, tada misionar iz Sirije, video je kako je na sabraću vernike nasrnula gomila; potom su mnogi bili uhapšeni i optuženi kao ateisti za izbegavanje prinošenja žrtve bogovima Rima. Iako su se mnogi uhapšeni predomislili kada su se suočili sa izvesnošću mučenja i smrti, od trideset do pedeset ih je ostalo neopokolebljivo, zbog čega su bili okovani u mračnom, smrdljivom zatvoru čekajući javno pogubljenje. Mnogi su umrli od hladnoće ili torture u zatvoru, dok su drugi zadavljeni; oni koji su preživeli bili su usmrćeni laganom i mučeničkom smrću u gradskoj areni na dan posebno određen za posmatranje spektakla. Verovatno deset godina ranije, pre ovih napada u hrišćanskoj Galiji, Irenej je saznao da je njegov voljeni učitelj i mentor, prečasni Polikarp, često nazivan „učiteljem Sirije", uhapšen, osuđen i živ spaljen u areni glavnog grada.[17] Ovakve pogibije urezale su mu se u pamćenje. Pošto je rukopoložen za biskupa, kako bi zamenio devedesetogodišnjeg Potina, koji je izdahnuo u zatvoru posle torture, Irenej piše da bi ohrabrio mučenike koji, kako kaže, „idu stopama Gospoda" – i da bi osudio „jeretike" koji, optužuje ih on, propuštaju da slede njihov primer.[18]

Mnoge druge crkvene starešine, takođe su nastojale da veličaju umiranje na ovaj način. Dok su rimski magistrati na ove likvidacije gledali kao na neophodnost za obezbeđivanje verske i političke stabilnosti carstva, hrišćani su one koji su umrli nazivali *mučenicima* – to jest, „svedocima" istine u Hristu. Jer, kada Isusovi sledbenici raspravljaju o tome šta da čine ako budu uhapšeni i šta njihova smrt može da znači, mnogi su se ugledali na to kako je sâm Isus patio i umro.

Tokom vekova, Isusovi sledbenici dali su mnoga značenja njegovoj patnji i smrti.[19] Neki su ga prikazivali kao dobrog pastira koji je svoj život položio za svoju ovcu, pokazujući Božju ljubav prema čovečanstvu, kao što *Jevanđelje po Jovanu* govori *(Jn* 10:11). Pavle je verovao da je Isusova smrt preokrenula tok istorije, čineći mogućim da svi nasledi obećanje spasenja namenjeno Izrailju *(Rim* 9–11). Obred krštenja, za mnoge hrišćane, bio je – i jeste – ponovljanje Isusove smrti i vaskrsenja: zaranjajnje u vodu, u smislu umiranja nekadašnjeg načina života, i izranjanje u novom životu po Duhu. Rani hrišćani prepoznali su, takođe, da je Isusovo stradanje stavilo Boga na stranu siromašnih i potlačenih, kao što ističu teolozi oslobođenja.

Ali, poput svakog ko je izbezumljen nasiljem, neki sledbenici Isusa iskazivali su svoj gnev i smišljali osvetu. *Jevanđelje po Luki* svaljuje odgovornost na Jevreje – što dovodi do užasnog ponavljanja nasilja prema jevrejskom narodu usled lažne predstave da su oni, a ne Rimljani, ubili Isusa.[20] Drugi su usmeravali gnev na Rimljane. *Otkrovenje,* na primer, prikazuje Isusa koji se vraća sa nebesa kao nepobedivi ratnik koji predvodi vojsku anđela koja ubija njegove neprijatelje i baca ih u vatreno jezero, gde večno gore. Ovaj tekst opisuje Rim kao kurvu „vavilonsku", obučenu kao carski dostojanstvenik, kako sedi na sedam brda – čuvenih sedam brda Rima – „pijana od krvi svetijeh i od krvi svjedoka Isusovijeh" *(Otk* 17:1–6). Anđeo uverava Jovana da će je Bog predati zverima, koje će „opustošiti i ogolužniti", pojesti njeno meso i spaliti ognjem *(Otk* 17:16). Autor *Jevanđelja po Judi,* takođe je gnevan – ipak, njegov gnev nije usmeren ni prema Jevrejima, ni prema Rimljanima, nego prema sabraći hrišćanima, i on prikazuje Isusa kako ih ljutito proklinje: „Zaista vam kažem, niko od vas nikada me neće znati" *(Juda* 2:11).

Odakle ovaj gnev? Juda ne samo da prihvata Isusovu smrt, on je potpomaže, čak i ako zna da će ovim činom osigurati i nasilnu smrt za sebe. Tako, problem za autora *Jevanđelja po Judi* nije puko opiranje mučeništvu. On ne kritikuje same mučenike, niti kaže da je umreti kao mučenik rđava stvar. Pre svega, on je gnevan zbog *značenja* koje drugi hrišćani daju Isusovoj smrti, i smrti njegovih učenika, ciljajući na one koji tvrde da je Bog želeo Isusovu smrt kao žrtvu, koju ne samo da želi nego je i zahteva.[21] Za neke hrišćane razmišljanje o sopstvenoj smrti omogućilo je da Isusovu smrt – pa i svoju – shvate kao žrtvu. Dok se upinju da dopru do značenja njegove smrti, ono što je preovladalo u imaginaciji nekih od njegovih najranijih sledbenika, uključujući i autora *Jevanđelja po Judi,* bilo je klanje životinja radi prinošenja žrtve. Žrtvovanje životinja, čin koji je većina naroda širom Rimskog carstva smatrala centralnim događajem javne verske posvećenosti, uvek je bio krvav prizor, čak i kada su životinje ubijane jednim potezom i potom kasapljene radi mesa za proslavu – ali tek pošto bi sveštenici izvukli njihove unutrašnje organe radi potrage za predskazanjima.[22] Premda je Hram u Jerusalimu bio već uništen u vreme nastanka *Jevanđelja po Judi,* autor prikazuje učenike kako se ponašaju poput sveštenika u Hramu.

Predstave o Isusu rasejane su širom ranohrišćanske literature. Pavle usvaja jedno ranije hrišćansko ispovedanje da „Hristos umrije za grijehe naše" *(1 Kor* 15:3), a jednom prikazuje Isusa kao „pashu našu [koja] zakla se za nas, Hristos" *(1 Kor* 5:7), povezujući njegovu smrt sa klanjem jaganjaca za Pashu, čiji su vratovi presecani na oltaru velikog Hrama u Jerusalimu, pre nego što sveštenici prinesu njihova tela na žrtvu Bogu.[23] Oni koji su pisali novozavetna *Jevanđelja po Marku* i *Mateju,* verovali su da je Isus, one noći pred smrt, predvideo sopstvenu smrt kao žrtvu, saopštavajući učenicima da njegova krv treba da se „prolije za mnoge radi otpuštenja grijeha" *(Mt* 26:28) i da je došao da „dâ dušu svoju u otkup za mnoge" *(Mk* 10:45). Slična predstava preovlađuje u *Jevanđelju po Jovanu,* koje, od početka, prikazuje Isusa kao „jagnje Božije, koje uze na se grijehe svijeta" *(Jn* 1:29). Kada autor *Jevanđelja po Jovanu* donosi priču o raspeću, on čak menja uobičajeni redosled priče kako bi pokazao da Isus umire u vreme klanja jagnjadi za Pashu, a raspeće opisuje jezikom kojim odzvanjaju tradicionalna biblijska uputstva za pripremanje jagnjeta za Pashu *(Jn* 19:14). Autor *Poslanice Jevrejima,* jeste, međutim, onaj koji najpotpunije opisuje Isusovu smrt kao žrtvu, donoseći nasitnije detalje o tome kako je Hristos „ni s krvlju jarčijom, niti telećom, nego kroz svoju krv" osigurao iskupljenje. Autor objašnjava da, ako životinjska krv i lešina pročišćavaju čovekovu nečistu krv, kako li tek onda Hristova žrtva u sopstvenoj krvi pročišćava ljude da poštuju „živog Boga" *(Jev* 9:12–14). Upravo ovaj način razmišljanja je ono što je užasnulo autora *Jevanđelja po Judi*.

Ali, Isusovi sledbenici prihvataju ovu sliku, pored ostalog, i kada podučavaju druge da obredno proslavljaju zajednički obed kako bi obeležili Isusovu žrtvenu smrt. Pavle navodi Isusove reči i potom podseća svoje čitaoce da „kad god jedete ovaj hljeb i čašu ovu pijete, smrt Gospodnju obznanjujete, dokle ne dođe" *(1 Kor* 11:26). *Jevanđelje po Jovanu* ide i dalje od toga, jer tu Isus objavljuje da „ako ne jedete tijela sina čovječijega i ne pijete krvi njegove, nećete imati života u sebi. Koji jede moje tijelo i pije moju krv ima život vječni, i ja ću ga vaskrsnuti u pošljednji dan: Jer je tijelo moje pravo jelo i krv moja pravo piće. Koji jede moje tijelo i pije moju krv stoji u meni i ja u njemu" *(Jn* 6:53–56).

Ipak, *Jevanđelje po Jovanu* isto tako ukazuje da je ova tvrdnja – uz prizvuk kanibalizma – bila tako napadna da su je mnogi sledbenici Isusa zbog toga napustili. Ovde nailazimo na prvi nagoveštaj da ovakvo tumačenje Isusove smrti može da bude razlog zbog čega ga je Juda predao, jer ionako je, u *Jevanđelju po Jovanu*, to bila stvar zbog koje je Isus odvojio Judu od „dvanaestorice" i označio ga izdajnikom *(Jn* 6:64–71). A ipak Isusov odgovor ovde onome ko ga je napustio zvuči zapanjujuće slično Isusovom učenju u *Jevanđelju po Judi:*

„Zar vas ovo sablažnjava? A kad vidite sina čovječijega da odlazi gore gdje je prije bio? Duh je ono što oživljava; tijelo ne pomaže ništa. Riječi koje vam ja rekoh duh su i život su" *(Jn* 6:61:63)

Možda je autor *Jevanđelja po Judi* pročitao ovaj pasus u *Jevanđelju po Jovanu,* i smatrao da je jedino Juda razumeo šta Isus zaista misli ovde, i zbog toga ga predao, rukovodeći se Isusovom zapovešću na poslednjoj večeri *(Jn* 13:27). Drugi hrišćani bili su u zabludi misleći da je Judu obuzeo Satana.

U kakvoj su, zapravo, zabludi bili? U *Jevanđelju po Judi,* kao i u *Jevanđelju po Jovanu,* Isus podučava da je „duh ono što oživljava; tijelo ne pomaže ništa". Ali, mnogi Isusovi sledbenici verovaće da je stradanje bilo neophodno za spasenje, pa su sopstveno stradanje shvatali kao žrtvu Bogu, izvesnu imitaciju Isusove žrtvene smrti.

Mnogi Isusovi sledbenici, svesni da mogu da se suoče sa nasilnom smrću „radi imena njegovog", smatrali su sopstveno stradanje – torturu, zlostavljanje, muke i smrt – kao način da „slede Hrista". Pavle objavljuje da je odustao od svega, i bio spreman da se odrekne života:

> Da poznam njega i silu vaskrsenija njegova i zajednicu njegovijeh muka, da budem nalik na smrt njegovu, da bih, kako dostigao u vaskrsenije mrtvijeh *(Fil* 3:10–11).

Tako je Pavle uverio vernike da stradanje u ime Isusa ujedinjuje sledbenike sa njim, i osigurava da će oni, takođe, biti podignuti iz mrtvih i biti dobrodošli na nebesima.

Niko ne govori radikalnije o ovoj žudnji za „umiranjem za Boga" od Ignacija, biskupa Antiohije i Male Azije, koga su rimske vlasti uhapsile oko 115. godine nove ere. Dok ga je neprijateljska formacija vojnika prebacivala u Rim, radi pogubljenja, Ignacije piše poslanicu hrišćanskim zajednicama duž puta, i šalje čuveno pismo vernicima u Rim, zahtevajući od njih da „se mole Hristu za mene da na ovaj način postanem žrtva Božja" (Ignacije *Rim* 4:2), insistirajući da će, pošto bude rastrgnut od divljih zveri u javnoj areni, moći da „se uzdigne ka Bogu" i osigura sopstveno spasenje.

Govoreći kako je mučeništvo bilo najbolji – iako ne jedini – način „dostizanja Boga", Ignacije insistira na tome da će mu divlje zveri pružiti veliku priliku da „oponaša stradanje mog Boga" (pri čemu, razume se, misli na Isusa; Ignacije *Rim* 6:4). Ignacije je predvideo da će mu telo, poput Isusovog, postati pričesni „hleb Božji". „Ja sam Božje klasje, i samleven sam zubima divljih zveri, da bi se umesio čist hleb za Hrista" (Ignacije *Rim* 4:1). Ignacije se moli kako ništa ne bi poremetilo njegov plan:

> Nek se na mene sruči oganj, i krst, i patnja sa divljim zverima, i nek mi izlome kosti, osakate udove, i nek mi zdrobe čitavo telo – neka mi samo dopuste da dostignem Hrista Isusa! (Ignacije *Rim* 5:3).

Drugi hrišćani pisali su izveštaje, veličajući mučenike i heroje, da bi ohrabrili vernike da se čvrsto drže i da bi nevernike uverili u postojanost hrišćanske vere. Ovakve starešine veoma brižljivo su čuvale mnoge tekstove koji veličaju mučeništvo, a hrišćani ih i danas čitaju. Čuveni izveštaj, *Dela Justina i njegovih prijatelja*, na primer, maštovito rekonstruiše prizor kada je hrišćanski filosof izveden pred sud u Rimu, oko 165. godine nove ere. U izveštaju je Justin, preobraćeni filosof (poznat kao sveti Justin Mučenik), uhapšen zajedno sa šestoro svojih učenika, muškaraca i žena, koji su se okupili u njegovom rimskom stanu da slušaju njegovo predavanje iz „hrišćanske filosofije". Svih sedmoro, saznajemo, optuženi su pred Rustikom, gradskim prefektom Rima, koji im, da bi proverio njihovu odanost Rimu, naređuje da prinesu žrtvu bogovima. Ali, optuženi su, inače, često odbijali da odgovore na zahtev i umesto toga ponosno ponavljali „mi smo hrišćani"; tako su svi do jednog odbili sudijin nalog. Zbunjen i iskreno radoznao zbog njihove revnosti, čak i kada im je zapretio pogubljenjem, Rustik se obraća Justinu: „Za tebe se govori da si obrazovan, i ti smatraš da znaš šta je istina. Dakle, čuj: ako te izbičujemo i odsečemo ti glavu, misliš li da ćeš otići na nebo?... Pretpostavljaš li da ćeš otići na nebo i primiti dragocenu nagradu?" Justin odgovara: „Ja ne *pretpostavljam,* ja to dobro *znam,* i potpuno sam siguran." Kada su i drugi, takođe, još jednom odbili da prinesu žrtvu, Rustik izriče presudu – bičevanje, potom odsecanje glave. Dok Justin i ostali odlaze iz sudnice, hrišćanski autor ih prikazuje kako ponosno hvale Boga, verovatno rečima koje su izgovarali i drugi, na smrt osuđeni, hrišćani: „Neka je hvala Bogu! Danas ćemo biti mučenici na nebu."[24]

Ipak, neki ljudi izražavali su rezerve, čak gađenje. Neki paganski posmatrači, videvši članove Irenejeve zajednice kako umiru tog avgustovskog dana 177.

godine, pitali su: „Kakvo dobro im je njihova vera donela?"[25] Lideri poput Ireneja i Tertulijana, koji su iz prve ruke svedočili o progonima, verovali su da je na kocki bio opstanak pokreta – i verovatno su bili u pravu. Tertulijan se razmetao pred jednim rimskim magistratom u Severnoj Africi kako ubijanje hrišćana samo povećava vatrenost, dok u isto vreme, sve više ljudi nadahnjuje da im se pridruže: „Što nas više pokosite, više ćemo se namnožiti; krv hrišćana je seme" za crkvu.[26] Kada su neki hrišćani osporavali vrednosti mučeništva, Irenej ih osuđuje kao „jeretike", dok ih Tertulijan ismeva kao kukavice.[27] A kada je Eusebije, crkveni lider iz četvrtog veka, ispisivao istoriju crkve do Konstantinovog vremena, počasno mesto dao je mučenicima kao temelju crkve, opisujući ih kao velike herojske svece čija je hrabrost i vera svedočila o istini njihovim izmučenim telima. Kampanja pravljenja heroja od mučenika bila je tako uspešna da je svaki glas neslaganja, gotovo potpuno ućutkan.

Ali, ipak, danas znamo da su neki hrišćani reagovali gnevno, bučno prigovarajući kada su drugi veličali mučeništvo. Ulog je bio veliki, a prepirka žučna. Ono što primećujemo u *Jevanđelju po Judi* jeste oštar glas protivljenja. Ipak, autorov glas nije bio jedini; oni koji se nisu slagali govore kroz neke druge tekstove – one koji su svojevremeno bili zabranjeni i, potom, zakopani kod Nag Hamadija – počev od *Svedočanstva o Istini* do *Apokalipse Petrove*, dok su ostali, bez sumnje, bili izgubljeni. Međutim, kao što ćemo videti, budući da oni koje kasnija tradicija slavi kao „crkvene oce" svi do jednog stoje na suprotnoj strani, jedini sačuvani glasovi pripadali su onima poput Ireneja, koji je osuđivao radove kao što je *Jevanđelje po Judi*, one koji osporavju njihove stavove o mučeništvu kao „ponoru ludila i bogohuljenju protiv Hrista".[28]

Budući da gotovo ništa ne znamo o ovim hrišćanima, možemo samo da nagađamo da nije bilo mnogo onih – ili ih je bilo tek nekoliko – koji su zaista prigovarali, budući da je sve što su ovi disidenti napisali bilo rastureno i uzgubljeno. Ipak, otkriće *Jevanđelja po Judi*, zajedno sa nekim ranijim otkrićima, dopušta nam da, prvi put u gotovo dve hiljade godina, čujemo nekoliko glasova onih koji se nisu slagali. Uz to, sada možemo da shvatimo zbog čega su se bunili. Pre svega, ovi tekstovi postavljaju dva pitanja: Šta ovakva učenja govore o Bogu? I na koji način ona utiču na ponašanje ljudi?

TREĆE POGLAVLJE

Žrtvovanje i život u Duhu

Autor *Jevanđelja po Judi* stvara svoju raspusnu karikaturu „dvanaestorice" kao sveštenika u oltaru, koji zavode na stranputicu i prinose ljude na žrtvu, kako bi na taj način ukazao da ono što oseća jeste zaprepašćujuća kontradikcija: dok hrišćani odbijaju da učestvuju u prinošenju žrtava, mnogi od njih postavljaju žrtvovanje u središte hrišćanskog bogosluženja – tvrdeći da Isusova smrt predstavlja žrtvu za čovekove grehe, i potom na insistiranju da hrišćani koji umiru kao mučenici jesu žrtve koje umilostivljuju Boga. Da li je autor smatrao da crkvene vođe ohrabruju druge – verovatno mlade ljude ili žene koje je poznavao, možda čak i članove porodice – da prigrle smrt na ovakav način? Razume se, nema načina da to saznamo, ali njegov zapis govori o žurbi nekoga ko želi da raskrinka ono što oseća da je grozna ludorija verskih vođa koji ohrabruju ljude da na ovakav način budu ubijeni – čak i ako njihovo stradanje jamči mučenicima vaskrsenje u vidu ogromne nagrade na nebesima, baš kao što Justin izjavljuje rimskom sudiji koji mu presuđuje.

ŽRTVOVANJE I ŽIVOT U DUHU 93

Ipak, *Jevanđelje po Judi*, takođe, prikazuje Isusovu smrt kao žrtvu, jer Isus kaže da će, pošto ga bude predao, Juda nadmašiti ostale učenike, jer „na žrtvu ćeš prineti telo u kojem sam se nastanio" *(Juda* 15:4). Dakle, premda Isus poručuje učenicima da se „okanu žrtv[ovanja]" *(Juda* 5:17), ovo pitanje iz *Jevanđelja po Judi* ne sastoji se samo iz toga da li Isusovu, i smrt njegovih sledbenika, treba shvatati kao žrtvovanje – jer, on se slaže da bi trebalo. Ali, ono što on misli da je pogrešno odnosi se na biskupe poput Ignacija i Ireneja koji podučavaju da oni, koji sebe „usavršavaju" umirući kao mučenici, obezbeđuju da ih Bog nagradi fizičkim vaskrsenjem iz mrtvih – jer, oni greše i u pitanju „Boga" kojeg služe i zbog toga što misle da će fizičko telo vaskrsnuti u večni život.

Ove zablude nastaju zbog toga što ljudi ne uspevaju da opaze da izvan ovog smrtnog, vidljivog tela ne postoji ništa; ne uspevaju da shvate svoje mesto u božanskoj šemi stvari. Usled ovakve neukosti, istinski Bog i Otac, poslao je Isusa da podučava i isceljuje, kako bi ljudi mogli da dođu do saznanja o onome koga „niko od ljudi videti neće" i „čiju meru niko od roda anđeoskog ne može dokučiti" *(Juda* 10:1,2). On ukazuje Judi da postoji jedan širi univerzum sazdan od duha, izvan ograničenog sveta koji ljudi opažaju, i ako ga ne spoznaju, nikada neće spoznati Boga niti će ispuniti sopstvenu duhovnu prirodu. Jer, postoji još jedno uzvišeno božansko carstvo iznad materijalnog sveta, a besmrtna sveta vrsta obitava iznad prolaznog ljudskog roda: to su, kaže on, „misterije carstva" *(Juda* 9:20). Sve dok ostaju neuki, ljudi su lak plen zablude o lažnim bogovima. Ali, Isus se na zemlji pojavio da objavi pravu prirodu univerzuma i kraja vremena, tako da oni koji razumeju ove stvari odustanu od služenja lažnim bogovima – uz svo žrtveno nasilje i nemoral – i otkriju svoju pravu duhovnu prirodu.

Gotovo polovina Isusovog učenja sastoji se od učenja o postojanju i strukturi nebeskog carstva, o tome kako su ovaj svet i bogovi koji upravljaju njime postali, i o tome šta će se desiti na kraju vremena. Isus poučava Judu da tobožnji „Bog" kojeg služe ostali učenici jeste tek niži anđeo koji ih odvodi na stranputicu prisiljavajući ih da prinose žrtve u krvi. To je lažni „Bog", odgovoran za Isusovo ubistvo – a njegovi učenici samo pokazuju da su isti kao i on, jer bogohule na Isusa i kamenuju Judu do smrti.

Na samom početku *Jevanđelja po Judi,* Isus zatiče svoje učenike kako se mole i daju hvalu dok blagosiljaju hleb za bogosluženje – ali, on im se smeje zbog toga što čine. Šta je, dakle, loše u njihovom bogosluženju?

ŽRTVOVANJE I ŽIVOT U DUHU

Šta izaziva Isusov prezir? Ono što učenici čine, verovatno nije samo iskazivanje zahvalnosti nad zajedničkim obedom, nego obred „blagodarenja" hleba što hrišćani nazivaju „pričešćem" kako bi „objavili Gospodovu smrt", kao što je apostol Pavle propovedao *(1 Kor* 11:23–26).[1] Isus im objašnjava da im se ne podsmeva; on se smeje zbog toga što oni misle da obeležavaju pričešće „kao da će vaš 'Bog' primiti hvalu". Oni pogrešno smatraju da je Isus sin njihovog „Boga" *(Juda* 2:6–9) i odbijaju da čuje šta im on govori, uljuljkani svojim licemerjem: „[Ovako] je pravo", bune se oni *(Juda* 2:5).

Kao što smo videli, Isus pokušava da pouči učenike, ali svi osim Jude mu se suprotstavljaju, razjareni kada se ruga njihovoj pobožnosti, i potom bogohule na njega – dokazujući da je njihovog „Boga koji je u vama" lako izazvati *(Juda* 2:12–15). Jedino je Juda u stanju da stane pred Isusa, premda nije u stanju da mu pogleda u oči, nego okreće lice na stranu. Ipak, iako izbegava da ga pogleda, Juda prepoznaje ko je Isus i usuđuje se da progovori: „Znam ko si i odakle si došao" *(Juda* 2:16–22). Na taj način Juda pokazuje da je sposoban da razume viziju – da izvan univerzuma koji opažamo sopstvenim čulima leži nevidljivo carstvo Duha kojeg moramo spoznati da bismo upoznali Boga, i sopstvenu duhovnu prirodu.

Isus tada uzima Judu na stranu i počinje da ga, nasamo, podučava onome što drugi još nisu spremni da čuju: da izvan vidljivog sveta koji poznaju, postoji carstvo gde boravi veliki nevidljivi Duh u beskrajnom oblaku od svetlosti. Iako nadmašuje ovaj opis, ova stvaralačka energija jeste božanski izvor svega, i onog na nebesima i onog na zemlji. On podučava Judu da je Bog najpre stvorio nevidljivo, nebesko carstvo, ispunjavajući ga božanskim bićima, svetlošću, a zatim večna carstva zvana *eoni,* od kojih svako s nebrojenim mnoštvom anđela.

Nasuprot ovom blistavom večnom carstvu svetla, vidljivi svet u kojem živimo sada postoji samo kao vrsta prastare tame i nereda. Pre nego što je Bog stvorio kosmos, u početku je postajo samo haos – nalik opisu iz *Postanja* 1:2 koje kaže da „zemlja bješe bez obličja i pusta, i bješe tama nad bezdanom". Prema autoru *Jevanđelja po Judi,* Bog je u svojoj dobroti doneo svetlost i red ovom svetu, postavivši vladare u obliku nebeskih tela – kao što *Postanje* 1:14–19 opisuje stvaranje „svetla" na svodu nebeskom koje vlada godišnjim dobima i osvetljava Zemlju. Isus takođe Judi otkriva imena vladara koje je Bog odredio: Nebro (Jaldabaot), Saklas i drugi anđeli. Oni su, bez sumnje, jasno povezani sa određenim nebeskim telima: Sunce sa Nebrom (s nje-

ŽRTVOVANJE I ŽIVOT U DUHU

govim ognjenim licem), sedmodnevnu nedelju sa Saklasom i njegovih šest anđela, zodijak sa dvanaest anđela (kojima je, svakom, prepustio deo neba), i anđele postavljene da vladaju nad „haosom i zaboravom" sa pet planeta *(Juda* 12:5–21).

Savremenom čitaocu ovaj izveštaj mogao bi da se učini zbunjujućim, ipak on je ključna stvar zato što objašnjava na koji način su zlo, nepravda i patnja nastali u svetu koji ji stvorio ljubazni i svemogući Bog. To uverenje – da je, daleko od toga da je haotičan i nasumičan, ovaj svet izgradio Bog u skladu sa harmoničnim poretkom – izraženo je onim što je, verovatno, izvorno značenje grčkog izraza *kosmos* („poredak"). Ali, autor *Jevanđelja po Judi* sugeriše da izraz takođe znači i „ono što propada". Ovo dvostruko značenje izražava stav da je Božja tvorevina dobra, ali da su, i pored toga, vladari nižeg sveta grešna bića, koja čovečanstvo odvode na stranputicu. Isus objašnjava da se Božja dobrota sastoji u ustrojavanju i osvetljavanju prvobitne tame haosa; ali, još jednom, kako bi anđeli koje On stvara mogli da upravljaju ovim svetom, oni moraju da učestvuju u prirodi tog istog sveta. To znači da su ograničeni po snazi i razumevanju; njima pripada zagasito i obuzimajuće svetlo ognja, a ne slava božanske svetlosti. Na ovaj način, Isusovo učenje na ovom mestu objašnjava kako su „pali anđeli" uspeli da ovladaju svetom – uveliko nalik načinu na koji Satana i njegovi anđeli, koji se pojavljuju u drugim hrišćanskim radovima kao što je novozavetno *Otkrovenje,* uspevaju da ovladaju svetom.

Kao i *Otkrovenje,* i *Jevanđelje po Judi* pokazuje da je Bog ograničio vreme vladanja ovih nižih anđela. Na kraju vremena, niža nebeska bića biće uništena, zajedno sa zvezdama i planetama i ljudima koje su zavele na stranputicu. Autor *Jevanđelja po Judi* saglasan je sa *Jevanđeljem po Marku* da kada nastupi kraj vremena, ono što je Bog stvorio „na početku" doživeće slom: „Ali u te dane, poslije te nevolje, sunce će pomrčati, i mjesec svoju svjetlost izgubiti. I zvijezde će spadati s neba i sile nebeske pokrenuti se" *(Mk* 13:24–25). Jer, mnogi hiršćani, onda kao i sada, verovali su da će kraj vremena biti sudnji dan, kada će oni koji su činili zlo, kao i duhovne sile koje su ih na zlo navodile, biti uništeni. Na isti način, Isus podučava Judu da kada vreme Saklasove vladavine dođe do kraja, zvezde će svemu doneti kraj, baš kao što on predskazuje; i svi ljudi koji su obožavali anđele pašće u moralni ponor, bludničiti i ubijati svoju decu *(Juda* 14:2–8) – to su znamenja vremena.

Ono što je najupadljivije, međutim, jeste da od sve hrišćanske literature, nama poznate, jedino autor *Jevan-*

đelja po Judi kaže da svi koji čine ovakve grehe, čine ih u Isusovo ime – drugim rečima, da su „hrišćani"! Kada ljudi poput „dvanaestorice" obeležavaju pričešće, prinose žrtve i ohrabruju druge da slede njihov primer, oni padaju pod uticaj anđela koji i sami greše, ljude koji ih bogosluže u zabludi odvode na stranputicu i propast. Jer, kako *Jevanđelje po Judi* objašnjava, iako je ove anđele stvorio i postavio Bog, oni su nesavršena bića. Nasuprot nebeskim anđelima u božanskom carstvu, oni su smrtni, ograničenog shvatanja, i ponekad prave greške. Ova sugestija ne potiče od autora *Jevanđelja po Judi*: drugi jevrejski i hrišćanski izvori iz tog doba, takođe, uvode ovakve anđele u priču o postanju, kako bi objasnili patnje i greške koje karakterišu veći deo čovekovog iskustva – dok u isto vreme oslobađaju Boga od stvaranja ikakvog zla.

Oni koji su pali pod ovakve zlokobne nebeske uticaje mogu da se, poput „dvanaestorice", okrenu nasilju i seksualnom izopačenju – čak i ubijanju sopstvene dece u ime neke niže božanske sile, za koju pogrešno veruju da je Bog. Kao što smo videli, Isus prekoreva „dvanaestoricu" zbog ovakve zablude – one fatalne, jer, kako ih on uči, način na koji neko zamišlja Boga odražava se na načinu na koji živi. Ono što je kod „dvanaestorice" bilo pogrešno jeste to što su *verovali* da služe Boga, Isusovog Oca, ali su pogrešno smatrali da „njihov Bog" zahteva prinošenje žrtvi – ne samo Isusovu smrt, nego i „žrtvenu" smrt njihovih žena i dece, koji, bez sumnje, predstavljaju mučenike iz autorovog vremena koje su crkvene vođe ohrabrivale da umiru zbog vere. Čak i kada služe Boga, oni „obeležavaju" pričešće podsećanjem na umiranje – na raspeće kao žrtvu. Kada se Isus podsmeva njihovom bogosluženju, umesto da ga upitaju za razlog ili da razmisle da li možda greše, oni gnevno bogohule njemu u lice. Tako njihovo gnevno skrnavljenje odražava „njihovog Boga". Ali, i obrnuto je takođe tačno: Kada Isus otkriva Judi drugačiju predstavu o Bogu, ova drugačija vizija stvara u njemu i svima koji služe Boga, sasvim različito saznanje o tome ko su – i šta Bog zahteva.

Prema *Jevanđelju po Judi,* stoga, suštinski problem jeste to što „dvanaestorica" – koja ovde zamenjuju crkvene vođe – ne znaju ko je Isus i, čak, ne razumeju ko je Bog. Oni pogrešno misle da Bog zahteva stradanje i žrtvovanje. Ipak, autor *Jevanđelja po Judi* – i drugi unutar ranog pokreta, takođe – postavljaju pitanja poput ovih: Kakvim ovakva učenja čine Boga? Da li je Bog, stoga, nerad ili nesposoban da oprosti čovekove prestupe bez krvoprolića – bez prerezanih grkljana jarčeva i bikova, ili – još gore – ljudskih žrtava?[2] Treba li hrišćani da služe Boga koji zahteva ono što hebrejska *Biblija* kaže da je Avramov Bog odbio – žrtvovanje dece, čak i sopstvenog sina? Kakav bi to Bog zahtevao od nekoga – a najmanje od svog sina – da umre u mukama pre nego što prihvati sopstvene sledbenike?

Hrišćani su vekovima, na različite načine, odgovarali na ovakva pitanja.[3] Jedan od odgovora je da je, razume se, Bog milostiv i ljubazan, ali i pravedan kada zahteva žrtvovanje radi iskupljenja čovekovog greha: dug nastao usled greha, na neki način, mora da se plati. Međutim, mera njegove ljubavi, kao što *Jevanđelje po Judi* kaže, jeste upravo ovakva – jer „Bogu tako omilje svijet da je i sina svojega jedinorodnoga dao, da nijedan koji ga vjeruje ne pogine, nego da ima život vječni" (*Jn* 3:16). Šta pokazuje Božju ljubav više od ovoga?

Ipak, *Jevanđelje po Judi* i drugi novootrkiveni radovi pokazuju da su neki hrišćani tvrdili da ljudi, umesto toga, teško greše obožavajući ovako ograničenog, gnevnog – i čak okrtunog – „Boga". Kao što smo videli, kada Isus ismeva pričešće svojih učenika, autor *Jevanđelja po Judi* kaže da oni ne shvataju da, u zabludi, služe – ne istinskog Boga, nego, kao što im Isus govori, „vašeg 'Boga'". Zapanjeni, učenici se bune, govoreći „*ti* si sin našeg Boga", ali oni greše. Isus je sin istinskog Boga. *Jevanđelje po Judi* prikazuje ovakvo bogosluženje kao noćnu moru – kao ono koje izobličuje Isusovo učenje, pogrešno shvata značenje njegove smrti i daje lažnu sliku Boga.

Jevanđelje po Judi dovitljivo prikazuje noćnu moru kao nešto što su dvanaestorica učenika izmislila – i, osim toga, dramatizuje njihovu prestravljenost sopstvenim snom. Učenici su, navodi se, imali isti san u kojem su ugledali dvanaest sveštenika kako stoje u velikom oltaru praznoseći žrtve. Ali, umesto da im se ukaže slika svetog bogosluženja, oni vide ove sveštenike zaokupljene svetogrđem – prinoseći na žrtvu svog oltara, ne samo životinje, nego se odajući i nasilju i bludničenju: iznad svega, ubijajući sopstvene žene i decu kao ljudske žrtve, i čineći sve ovo u Isusovo ime! Užasnuti, učenici odlaze do Isusa da mu ispričaju o snu i upitaju šta bi to moglo da znači *(Juda* 4:2–17).

Isusov odgovor užasava ih još više: „Vi ste", kaže on, „dvanaestorica koje videste" *(Juda* 5:3). Ono što su videli u snu jeste slika onoga što su sami činili. Dok umišljaju da umilostivljuju Boga, oni u stvari služe sopstvenoj iščašenoj predstavi o „Bogu" koji, kako veruju, želi ljudske žrtve *(Juda* 5:13–14). U snu, oni sebe vide onako kako ih pravi Bog vidi – kao sveštenike zla koji mnoge iz sopstvenog „stada" vode u propast, poput životinja koje idu na klanje.

Jevanđelje po Judi ne govori nam kako su dvanaestorica reagovali, ali ako nam njihovo prethodno ponašanje išta govori, onda mora da su bili prestrašeni. Svakako, optužbe koje Isus iznosi iznenadile bi i uvredile većinu čitalaca, jer su se hrišćani ponosili time što su odbijali da prinose žrtve, povezujući to ili sa jevrejskim bogosluženjem u jerusalimskom Hramu, ili sa obožavanjem lažnih bogova svojih paganskih suseda. Moliti se i prinositi žrtve idolima, verovali su, neminovno bi vodilo u nemoral. Pavle tvrdi da ljudi koji upražnjavaju ovakve stvari zaslužuju da umru *(Rim* 1:18–32) – a da „bogovi" koji zahtevaju životinjske žrtve, jesu pravi demoni *(1 Kor* 10:20).[4]

Ipak, hrišćani nisu bili prvi koji su osudili ovakve obrede. Naprotiv, oni su sledili tradicije, prethodno već uspostavljene u njihovo doba. Izraelski proroci, kao i grčki i rimski filosofi, kritikovali su svakodnevnu religiju zbog podstrekavanja praznoverja, nemorala i nasilja usled pogrešnih ideja o Bogu. Vekovima su jevrejski učitelji odbacivali pagansko bogosluženje, optužujući svoje susede zbog toga što su rezbraili slike u drvetu ili ih izlivali u metalu i potom klečali na kolenima, bogosluželi svoje rukotvorine. Jevrejski učitelji, uključujući i Isusovog sledbenika Pavla, optužvali su da posvećenje lažnim bogovima – bogovima koji su, kako su govorili, pravi demoni[5] – vodi do nasilja, bluda, čak, možda i do ubistava i ubijanja dece.[6] Veliki jevrejski proroci, poput Amosa, Osije i Isaije, odbacivali su ne samo pagansko bogosluženje, nego i žrtve koje su njihovi sunarodnici, u jerusalimskom Hramu, prinosili jedinom pravom Bogu. Govoreći u Gospodovo ime, Osija objavljuje da je „milost mila a ne žrtva, i poznavanje Boga većma nego žrtva paljenica" *(Osi* 6:6). Amos, takođe, govoreći o Bogu, objavljuje:

> Mrzim na vaše praznike... Ako mi prinesete žrtve paljenice i prinose svoje, neću ih primiti, i neću pogledati na zahvalne žrtve od ugojene stoke vaše... Nego sud neka teče kao voda i pravda kao silan potok. *(Am* 5:21–24).

Mnogi Jevreji, uključujući Isusa, slagali su se sa Amosom da ono što Bog, iznad svega, zahteva jeste „da činiš što je pravo i da ljubiš milost i da hodiš smjerno s Bogom svojim?" *(Mih* 6:8); bez ovih vrlina, žrtve se ne prihvataju. Prema *Jevanđelju po Marku,* Isus podučava da je najveća zapovest: „Ljubi Gospoda Boga svojega svijem srcem svojijem i svom dušom svojom i svijem umom svojijem i svom snagom svojom. Ovo je prva zapovijest. I druga je kao i ova: ljubi bližnjega svojega kao samoga sebe" *(Mk* 12:30–31). Pošto je izrekao ovo, jevrejski pisar aplaudira, slažući se da su ove zapovesti „veće od sviju žrtava i priloga" *(Mk* 12:33).[7]

Grčki i rimski filosofi, takođe su kritikovali izvesne verske obrede, tvrdeći da njihovi mitovi o ljubornim i sitničavim bogovima koji su podsticali ratove i vršili otmice, dokazuju da ovi bogovi nisu dostojni molitve.[8] Neki ljudi su čak sumnjali da li klanje životinja radi prinošenja žrtvi uopšte umilostivljuje bogove.[9] Filosofi su često tvrdili da bogovi ne zahtevaju miris i ukus žrtve radi hrane, nego kao što filosof moralista Porfirije kaže: „Najbolja žrtva bogovima je čista savest i duša oslobođena žudnje."[10]

Ipak, svi koji su kritikovali prinošenje žrtvi – bilo Jevreji, hrišćani ili pagani – smatrali su prinošenje ljudske žrtve najgorim od svega. Jevrejski autor *Mudrosti Solomonove,* na primer, tvrdio je da je Bog dao kanansku zemlju Izraelcima, zbog toga što su Kanani nemilosrdno klali decu i svetkovali nad ljudskim mesom i krvlju koju su prinosili *(Mud* 12:5–6). Rimski upravnik Plinije kaže da je Senat potvrdio zakon protiv žrtvovanja ljudi tek 97. godine pre nove ere, a da su se i posle toga „ovi monstruozni obredi i dalje upražnjavali".[11] Plinije dodaje da sumnjivci – druidi i vračevi – i dalje upražnjavaju žrtvovanje ljudi; za njega to samo pokazuje njihovo divljaštvo.[12] Tačne ili ne, ove osude pokazuju da je prinošenje ljudi na žrtvu užasavalo ljude.

Pošto su hrišćani bili poznati – ili ozloglašeni – po tome što odbijaju da prinose žrtve, a neki su čak radije birali da umru nego da se povinuju, autor *Jevanđelja po Judi* svakako je nameravao da uznemiri svoje čitaoce kada je „dvanaestoricu" prikazivao ne samo kako prinose životinje na žrtvu Bogu, nego kako mu, čak, prinose i ljude! Samo najgori neprijatelji optuživali su hrišćane da ubijaju decu i podstiču sve vrste izopačenog ponašanja. Neki su, očigledno, simbolički hrišćanski obred jedenja tela i ispijanja krvi Isusove, razumeli doslovno kao kanibalizam.[13]

Sve do nedavno, izgledalo je da je kritikovanje hrišćana zbog nemorala dolazila gotovo jedino spolja – posebno, od grčkih i rimskih filosofa, koji su bili užasnuti ovom novom „sektom". *Jevanđelje po Judi* sada unosi svež glas u žučnu raspravu zametnutu unutar hrišćanskih krugova, poput drugog iskrenog hrišćanina, koji je napisao žestok napad, naslovivši ga *Svedočanstvo o Istini,* kojim je osporio ono što je smatrao lažnim svedočenjem onih koji su veličali mučeništvo. Poput *Jevanđelja po Judi,* ovaj buntovnički akt bio je zakopan pre mnogo vekova i otkriven tek 1945. godine pored Nag Hamadija.[14] Ovaj autor objavljuje da „zaluđenici,

ŽRTVOVANJE I ŽIVOT U DUHU 107

misleći u svojim srcima da će, ako samo na rečima priznaju 'Mi smo hrišćani'... dok se prepuštaju smrti" steći večni život.

Ovi „isprazni mučenici... svedoče samo za sebe". Ono o čemu njihova dela zaista svedoče jeste, kako autor kaže, njihova neukost: „oni ne znaju... ko je Hristos", i naivno veruju da „ćemo ako sebe predamo smrti u ime" – ime Hrista – „biti spaseni". Autor *Svedočanstva o Istini,* poput autora *Jude,* ukazuje da ovakvi ljudi ne poznaju pravog Boga. Oni koji umišljaju da žrtvovanje ljudi umilostivljuje Boga, ne razumeju Oca, i umesto toga, padaju pod uticaj zvezda lutalica koje ih odvode na stranputicu *(SvedIst* 34:1–11). Umesto da vernike upute ka spasenju, ovakve vođe u stvari ih isporučuju vlastima u ruke, koje ih onda ubijaju. Sve što se ovakvim nasiljem postiže jeste njihova propast.

Kakvo je, dakle, „pravo svedočanstvo" o Hristu? Objavljivanje njegovih silnih dela izbavljenja i utehe – kako je sin čovečiji podizao mrtve, lečio pralizovane, vraćao vid slepima, isceljivao bolesne ili posednute demonima. Dok su ovi tobožnji mučenici „bolesni, nesposobni ni sebe da podignu" *(SvedIst* 31:22–34:11), ovaj autor objavljuje da oni koji istinski svedoče o Hristu objavljuju da Božja sila donosi puninu i život. Istinsko svedočanstvo, piše ovaj autor, znači „upoznati sebe, i Boga koji bdi nad istinom". Jedino onaj ko je svedok ove poruke o izbavljenju stiče „venac" za koji drugi pogrešno kažu da ga mučenici stiču umiranjem *(SvedIst* 44:23–45:6).

Dok *Svedočanstvo o Istini,* na ovaj način odbacuje – čak ismeva – same mučenike, *Jevanđelje po Judi,* kao što smo primetili, odustaje od ovoga, jedino kritikujući vođe koje ohrabruju tobožnje mučenike da se izlažu propasti. Još jedan od tekstova iz Nag Hamadija, *Apokalipsa Petrova,* upriličuje nam da oslušnemo glas treće snažne kritike hrišćanskih starešina koji se uporno zauzimaju za mučeništvo među posvećenim vernicima. Ovaj autor izdvaja naročito one „koji sebe nazivaju biskupima i đakonima, kao da su vlast od Boga primili"; ovakvi ljudi, piše on, „jesu bezvodni kanali!" *(ApPetr* 79:22–31). Optužbom da su ovi prvaci crkve, u stvari, jeretici *(ApPetr* 74:20–22), *Apokalipsa* saopštava da su „to oni koji tlače svoju braću govoreći im: 'Kroz ovo (stradanjem) se naš Bog smilovao, jer nam tako dolazi spasenje", zaboravljajući da će sami na sebe navući božansku osudu zbog uloge koju su imali u slanju mnogo onih „najmanjih" u smrt *(ApPetr* 79:11–21).

Kada osuđuje ovakve vođe, ne samo kao grešne, nego i upetljane u krvoproliće, ovaj autor se, jasno, obraća sabraći hrišćanima koji žive u strahu od progona.

Apokalipsa Petrova – to jest, Božje „otkrovenje" Petru – započinje kada Petar i drugi učenici, na smrt preplašeni, stoje u jerusalimskom Hramu. Petar kaže: „Videh sveštenike i ljude kako trče k nama s kamenjem, kao da bi nas ubili; i uplаših se da ćemo umreti" *(ApPetr 72:6–9)*. Međutim, umesto da ih savetuje da izbegavaju da propate mučeničkom smrću, *Apokalipsa Petrova* ih ohrabruje da se suoče sa smrću, hrabro i s nadom, kao što Isus govori Petru. „Stoga, budi hrabar i uopšte se ne plaši. Jer, biću s tobom kako niko od vaših neprijatelja ne bi mogao da vas savlada. Neka je mir s tobom! Budi jak!" *(ApPet 84:6–11)*. Tako bi čitalac trebalo da razume da je tekst poput ovog, koji tvrdi da govori o „otkrovenju" koje je Isus dao Petru u času kada su se prestrašeni učenici suočili sa smrću, bio takođe napisan kako bi utešio svakog vernika koji se plašio iste sudbine – i, iz istog razloga, svakoga ko se suočava i strahuje od predstojeće smrti.

U pogledu našeg drugog pitanja – na koji način ovakva učenja utiču na ponašanje ljudi? – neki hrišćani poput Ireneja, suočeni sa stvarnošću progona i smrti, savetovali su ljude da treba da se prepuste stradalničkoj smrti, tvrdeći da Bog sve te muke želi zarad čovekovog dobra. Za Ireneja, stradanje, pa čak i smrt, služe kako bi ljudi shvatili veličinu i dobrotu Boga koji grešnom čovečanstvu dopušta da dostigne večni život.[15] Međutim, autor *Jevanđelja po Judi*, ne samo da odbacuje da Bog želi ovakve žrtve, nego ukazuje da je praktična posledica ovakvih razmišljanja užasavajuća: ona nagoni ljude da saučestvuju u ubistvu. Podučavajući da je Isus umro u agoniji „za grehe ovog sveta" i ohrabrujući sopstvene sledbenike da umru kao što je i on umro, neke vođe slale su ih na put propasti – dok su ih, istovremeno, ohrabrivale lažnim obećanjem da će u večni život vaskrsnuti iz mrtvih u telu.

Ali, *Jevanđelje po Judi* odbacuje vaskrsenje u telu. Kakav smisao se, dakle, može naći u Isusovoj smrti? Autor daje radikalan odgovor. Kada Isus kaže Judi „da će na žrtvu prineti telo u kojem se nastanio", on, u stvari, traži od Jude da mu pomogne da svojim sledbenicima pokaže kako i oni, kada prekorače granice ovozemaljskog bitisanja, mogu da kroče u beskonačnost – u Boga.

ČETRVTO POGLAVLJE

Misterije carstva

Jevanđelje po Judi ne posustaje sa osuđivanjem pogrešnih razmišljanja o Bogu i žrtvovanju, ili obredima pričešća i krštenja. Naprotiv, ovakva kritika nerazumnih crkvenih prvaka obeležava samo uvodni deo. Od tog trenutka, ovo jevanđelje se nastavlja izlaganjem o „božanskim misterijama" otkrivenih jedino Judi – o Bogu, o Isusu i božanskom izvoru odakle je došao, i o tome kako on – i učenik koji ga sledi – mogu da zakorače u tu duhovnu stvarnost.

Isus podučava da se, umiranjem, tela svih ljudskih bića raspadaju – nema vaskrsenja u telu. Jedino će duše velikog i svetog roda biti uzdignute kada se njihovi duhove odvoje od njih *(Juda* 8:3–4). U početku, Juda uopšte ne shvata, jer pošto je imao snoviđenje, Isus mu se smeje, što je jasan znak da je u nečemu pogrešio. Međutim, umesto da ga otpusti, Isus obećava Judi da će mu pomoći. On ga ohrabruje da govori o onome što ga je uznemirilo kada je sanjao da su ga „dvanaestorica" kamenovala i progonila. Ali, Juda je takođe imao viziju o nebeskom Hramu – veličanstvenu viziju o izvanrednom zdanju ispunjenom blještavim svetlom i, visoko iznad, gustim zelenim lišćem *(Juda* 9:9–12). Ljudi bi istog časa u ovome prepoznali beskonačnu svetlost u kojoj obitava Bog – dom Božji. To je, razume se, ono što Jevreji nazivaju jerusalimskim Hramom; ali ono što Juda vidi – u oštrom kontrastu sa snom „dvanaestorice" o krvavom prinošenju žrtvi u ovozemaljskom hramu – predstavlja duhovnu stvarnost izvan ovog sveta, božansku stvarnost koju proroci Izrailja često nazivaju „svetlošću", slavom Božjeg prisustva, pred kojim su čovekovim rukama podignute „kuće Božje", od jerusalimskog Hrama do katedrale u Šartru, samo odblesci.

Međutim, kad Juda zatraži da pođe tamo i pridruži se slavnim mudracima koji okružuju božansko prisustvo, Isus ga prekoreva: „Tvoja zvezda te vodi na stranputicu, Judo" *(Juda* 9:15). To pokazuje da je, od „dvanaestorice", samo Juda uhvatio odblesak onoga na šta Isus misli kada počinje da im govori o misterijama izvan ovog sveta – jer jedino Juda shvata da je Isus prispeo iz tog carstva besmrtnih *(Juda* 2:22–23) – ni on nije potpuno razumeo šta Isus pokušava da im kaže. Nijedan smrtnik nije dostojan da se uputi tamo, insistira Isus, jer je to mesto rezervisano za svete – to jest, za ljude koji više nisu podanici Sunca i Meseca i drugih anđela koji vladaju carstvom haosa. Pa, iako je Isus već rekao Judi da je sposoban da se uzdigne do carstva besmrtnih *(Juda* 2:27), učenik i dalje ne shvata u potpunosti središnje Isusovo učenje – jer, da bi ljudi zavredeli večni život, moraju da razumeju dublju viziju Boga koja iz tog učenja prostiče. To je razlog zbog kojeg Isus počinje da izaziva učenike „da iznedre savršenog čoveka". Oni koji u tome uspeju otkrivaju da u sebi nose duhovno bogatstvo kojeg nisu bili svesni.

Jer, u procesu rađanja savršenog čoveka, pojedinac postaje svestan dubljeg značenja izveštaja iz *Postanja,* koji govori na koji način je Bog stvorio ljudski rod:

> Potom reče Bog: da načinimo čovjeka po svojemu obličju, kao što smo mi, koji će biti gospodar od riba morskih i od ptica nebeskih i od stoke i od cijele zemlje i od svijeh životinja što se miču po zemlji. I stvori Bog čovjeka po obličju svojemu, po obličju Božijemu stvori ga; muško i žensko stvori ih. *(Postanje* 1:26–27).

Ako je čovek stvoren po slici Božjoj, zbog čega je tu sliku tako teško opaziti i zbog čega je potrebno toliko hrabrosti da se otkrije? Ovde Isus nastavlja da objašnjava da stvaranje „po obličju" ukazuje na našu izvornu, duhovnu prirodu, skrivenu duboko unutar onoga što nam izgleda kao običan muškarac i žena. To je izvorni kvalitet ljudskih bića, stvorenih po slici duhovnog bića po imenu Adam, koji je živeo u svetlosti, tamo gde istinski Bog živi, skriven čak i od anđela *(Juda* 11:1–2). Eva je, takođe, stvorena po slici nebeskog roda – jer, kao i Adam, i Eva je nebesko biće – i ona je ta koja najdublje predstavlja duhovnu prirodu ljudskog roda. Na grčkom, njeno ime („Zoi") znači „Život", usled igre reči na hebrejskom, u kojem „Eva" znači „život", kao što izveštaj iz *Postanja* ukazuje: „I Adam nadjede ženi svojoj ime Jeva, zato što je ona mati svjema živima" *(Pos* 3:20). Ovde Isus pokazuje da „čitav rod" ljudski treba da traga za večnim životom *u njeno ime (Juda* 13:2–4). To, za ljudski rod u ovom času, znači da oni koji uspeju da prepoznaju sopstvenu duhovnu prirodu jesu deca ovih *duhovnih* roditelja – ne deca poput Kaina i Avelja, posramljenih u priči o prvom ubistvu, nego deca koja liče na onog manje poznatog, Seta, o kome *Postanje* kaže da ga je Eva rodila Adamu kao trećeg sina:

> Kad Bog stvori čovjeka, po obličju svojemu stvori ga... I poživje Adam sto i trideset godina, i rodi sina po obličju svojemu, kao što je on, i nadjede mu ime Set. (*Post* 5:1, 3).

Čitav ljudski rod, dakle, pripada „neiskvarenom pokoljenju Setovom" (*Juda* 11:5), budući da je svako biće dete Adama i Eve, stvorenih po liku i obličju Boga.

Zbog čega, onda, Isus govori o *dve* vrste ljudskog roda? Zbog čega svako, automatski, ne shvata duhovnu prirodu? Kako bi pomogao Judi da razume, Isus mu saopštava da je Saklas bio onaj koji je odlučio da ljudi treba da žive izvesno kratko vreme i da potom nestanu. Ljudi su zabludeli i iskvareni ovom ispraznom „mudrošću" sveta (*Juda* 8:7), zato što vladari haosa i zaborava „upravljaju njime". Oni su poverovali da je ovaj telesni život, naš sadašnji boravak na ovom svetu, sve što zaista postoji. Kada pokušavaju da zamisle večni život, oni ga zamišljaju samo kao večno postojanje u telu, kao što Justin, Irenej i Terulijan govore. Ali, Isus tvrdi da oni greše. Iako *Jevanđelje po Judi,* poput novozavetnih jevanđelja, govori o tome da Isusovo učenje ukazuje na put ka večnom životu, ključ za ovaj put ne predstavlja ono što se dešava sa fizičkim telom, nego razumevanje duhovne veze s Bogom. Oni koji shvate dublje tajne postanja, svesni da su stvoreni „po slici" božanskog izvora, mogu da uspeju da se nasele u carstvo Duha.

Isus objašnjava Judi da Bog nije prepustio čovečanstvo nižim anđelima, nego se postarao da Adam i oni oko njega shvate da ih slika Božja koju nose duboko u sebi čini nadmoćnim nad vladarima haosa *(Juda* 13:16–17). Juda je, čuvši ovo, ostao zaprepašćen. Najpre, ne može da poveruje u istinitost ovoga, ali postepeno počinje da shvata šta to znači. Isus objašnjava da zbog toga što je svako primio božanski duh, sada može istinski da poštuje Boga. Oni koji postupaju na ovaj način oslobađaju se vlasti nižih anđela, tako da kada njihova fizička tela umru, njihove duše se – sada sjedinjene sa duhovima velikog i svetog roda odgore – uzdižu ka nebeskom carstvu *(Juda* 8:2–4; 9:22; 13:12–15). Juda konačno shvata Isusovo učenje, i tako ovog puta ne odvraća pogled, već podiže glavu kako bi ugledao oblak od svetla i kročio unutra *(Juda* 15:15–19).

Ipak, i *Jevanđelje po Judi,* slično novozavetnim jevanđeljima, pokazuje da Isusovo učenje nije ograničeno rečima; on takođe podučava svojim delima. Ono što on otkriva ne okončava se njegovim rečima – nego jedino njegovom smrću. Njegova smrt pokazuje da telesna smrt nije kraj života, nego samo korak u večnost.

Ali, da li *Jevanđelje po Judi,* onda, govori o vaskrsenju – izrazu koji nikada ne pominje? Odgovor zavisi od toga šta *vaskrsenje* treba da znači. Jer ovde, kao i u slučaju raspeća, autor *Jude* se upušta u osetljive rasprave u koje su se i vernici, u njegovo vreme, upuštali – u isto ono pitanje koje i danas zaokuplja mnoge: Šta se desilo *pošto* je Isus umro?

Da je Isus „ustao iz groba" i kročio u novi život predstavlja suštinsku temu hrišćanskog učenja, svakako najradikalniju. Jer, iako je većina ljudi verovala u večni život, najavljivanje izvesnih hrišćana poput Ireneja, da će njihova tela biti sahranjena, da će se raspasti – a da će, ipak, u jednom trenutku, ponovo vaskrsnuti – dočekivano je ne samo sa nevericom, nego i užasom.[1] Hrišćani nisu bili načisto oko toga u kakvom telu će ovo vaskrsenje biti. Kada Pavle piše o vaskrsenju, iako su njegove reči često pogrešno shvaćene kao zagovaranje psihičkog vaskrsenja, on jasno govori upravo suprotno: „A ovo govorim, braćo, da tijelo i krv ne mogu naslijediti carstva Božijega, niti raspadljivost neraspadljivosti našljeđuje" *(1 Kor* 15:50). Iako ne tvrdi da tačno razume šta se dešava, Pavle priznaje da je vaskrsenje misterija, kojom ćemo se, kaže on, „svi pretvoriti" iz fizičkog u duhovno postojanje *(1 Kor* 15:51–53). Izveštaji u drugim novozavetnim tekstovima donose drugačije izveštaje o Isusovom vaskrsenju, budući da je ono što je najviše zaokupljalo ove autore bilo njihovo uverenje da je Isus na neki način i dalje živ, ali ni na kakav određeni način ne ukazuju kako se to dogodilo. Tako jevanđelja obuhvataju priličan broj priča o ljudima koji su tvrdili da su videli Isusa živog posle njegove smrti. Neki ukazuju da su ga videli pošto su imali viziju. Na primer, pošto je kamenovan, Stefan odlazi na nebo i vidi Isusa kraj desne ruke Boga *(Dela* 7:55–56). Drugi su dvosmisleniji. Na primer, učenici na putu za Emaus satima ne prepoznaju Isusa, a kad ga ipak prepoznaju, on „iščezava", ostavljajući ih u uverenju da je na neki način – duhovno – i dalje živ *(Lk* 24:13–31). U *Jevanđelju po Jovanu,* Marija iz Magdale prva je srela vaskrslog Gospoda, ali ga je, u početku, pobrkala sa baštovanom; učenici, na ribarenju, isprva ga uopšte ne prepoznaju *(Jn* 20:15; 21:4). Kako je moguće da ga njegovi najbliži ne prepoznaju? S druge strane, neki su tvrdili ne samo da su ga videli, nego da su dotakli i osetili njegovo telo, vaskrslo iz groba natrag u život. Oni koji su pričali ovakve priče insistirali su na tome da je njegovo vaskrsenje bilo stvaran fizički događaj. *Jevanđelje po Mateju,* na primer, kaže da su učenici držali Isusa za noge *(Mt* 28:9). Jedna priča iz *Jevanđelja po Luki* govori o tome da kada su videli Isusa, učenici su se zaprepastili i preplašili, prirodno smatrajući da su videli duha. Ali, kako kažu, Isus ih je izazivao: „Opipajte me i vidite; jer duh tijela i kostiju nema kao što vidite da ja imam". Budući da i dalje nisu verovali da je fizički prisutan, on im traži nešto za jelo, i dok oni zaprepašćeni posmatraju, on je pojeo parče ribe. Poruka je jasna: Nijedan duh ne bi mogao da učini isto *(Lk* 24:37–43). Međutim, čak i u ovakvim slučajevima to je izvesno neuobičajeno fizičko postojanje, jer Isus očigledno hoda kroz čvrste zidove i zaključana vrata, i zahteva da ga ne dodiruju *(Jn* 20:17–19).

Starajući se da pokažu da je Isus na neki način bio živ, kao što smo videli, jevađelisti uključuju različite izveštaje koje su čuli, ne stvarajući povezanu naraciju. Ipak, priče koje su oni kazivali, rađale su pitanja među čitaocima koji su se pitali šta je *vaskrsenje,* u stvari, značilo. Od poznog prvog veka, i tokom drugog, dok su hrišćani razmatrali ovo pitanje, izvesne vođe insistirale su na jednoj verziji, objavljujući da hrišćani „moraju" da veruju da je Isus u telu ustao iz mrtvih – ono što nazivaju „vaskrsenjem u telu".[2]

Hrišćani koji osporavaju ovo, piše Ignacije, posramljuju Isusovu smrt. „U stvari *oni* su sramota!" izjavljuje on. Isus je zaista bio raspet i umro, i zaista ustao iz mrtvih – u suprotnom, insistira on, ni moja smrt neće imati svrhe (Ignacije *Tralijanima* 9–10). Njegova smrt kao žrtve, poput Isusove smrti na krstu, nije duhovna metafora, nego stvarnost stravične torture i umiranja. Za one koji su se suočili sa izvesnošću mučeništva, stavovi poput onih u *Jevanđelju po Judi* ili *Apo-*

kalipsi Petrovoj obesmišljavaju njihovo stradanje – ili Isusovu smrt. Oni, nesumnjivo, vređaju njihov smisao za pravednost. Irenej insistira da, budući da se stradanje odigrava u telu, pravdom treba da se nagradi telo. Da je drugačije, zbog čega bi Bog dopustio svojoj voljenoj deci da tako pate?[3]

Upravo ovakvu vrstu rezonovanja osporava autor *Apokalipse Petrove*. Ako nam Bog garantuje milost jedino kao patnju, kakav je to onda Bog? Greše oni, kaže on, koji uče „najmanje među nama" da „dobro i zlo potiču iz jednog izvora" – jednog Boga *(ApPetr 77*:30–32). Naprotiv, on insistira na tome da je Isus došao da oslobodi ljude iz ropstva i patnji, i da im oprosti grehe koje su počinili u zabludi *(ApPetr 78*:8–15).

Kakvo je, onda, značenje Isusove smrti? Isus pokazuje Petru da ne treba da se plaši smrti, jer ono što umire jeste samo smrtno telo, ne duh živi. Kako bi mu to pokazao, Isus prikazuje Petru, u viziji, sopstvenu patnju kako bi ga pripremio da se suoči sa soptvenim stradanjem i smrću. Spasitelj otkriva Petru da ako raspeće opazi, ne fizičkim ušima i očima, nego duhom, moći će da opazi istinu. Onaj u čije šake i stopala zabijaju eksere jeste samo telesni deo, živog Isusa ne dotiče ovo stradanje i smrt *(ApPetr* 8:14–24).[4] Petar se zapanjio, jer u nekoj vrsti dvostruke vizije, on izgleda vidi jednu osobu, uhvaćenu i pribijenu na krst, dok druga radosna i nasmejana stoji u blizini. Kad Petar pita Isusa šta to znači, Isus mu objašnjava da kada telo prolazi kroz samrtnu agoniju, ono oslobađa „Duh ispunjen blistavom svetlošću" (83:9–10). Ljudi se neće spasti ako umiru kao mučenici, nego samo ako prime Božji oproštaj i čvrsto se drže naspram onih koji podučavaju grehu i nasilju.

Zbog čega drugi hrišćani ne uviđaju ovo? Autor *Jevanđelja po Judi* sugeriše da je uzrok ovome to što oni veruju u vaskrsenje u telu. Ipak, hrišćani kao što je ovaj autor, odbacujući ideju o telesnom vaskrsenju, ne odbacuju život posle smrti. Naprotiv, oni ukazuju na druge načine razmatranja značenja tog života. *Jevanđelje po Filipu*, na primer, naziva verovanje u vaskrsenje u telu „verom glupaka". Vaskrsenje, iznosi se u ovom jevanđelju, daleko od toga da je jedinstveni istorijski događaj iz prošlosti, naprotiv, ukazuje na način na koji Hristovo prisustvo može da se doživi ovde i sada. Tako, oni koji se, krštenjem, „iznova rode", simoblički govoreći, takođe su „ustali iz mrtvih" kada postanu svesni duhovnog života. Drugi, nepoznati, hrišćanski učitelj, kada ga učenik Regin poziva da objasni vaskrsenje, kao odgovor piše tumačenje onoga o čemu je pisao

Pavle. Iako vaskrsenje ne uključuje fizičko telo, on je, poručuje učitelj Reginu, zaista stvarnost:

> ... nemoj misliti da je vaskrsenje nekakva iluzija. Nije iluzija, nego istina! Zaista, bolje je kazati da je svet iluzija, a ne vaskrsenje nastalo preko našeg Gospoda Spasitelja, Isusa Hrista *(RasVaskr* 48:10–19).

Opirući se da, poput Pavla, govori o „misteriji", ovaj učitelj sugeriše da je vaskrsenje „otkrivenje onoga što jeste, i preobraženje stvari i prelazak u novo". Ipak, opisi poput ovih, priznaje on, jesu samo „simboli i predstave o vaskrsenju", samo nas Hristos, kaže on, približava stvarnosti vaskrsenja *(RasVaskr* 48:30–49:9).

Uočili smo da *Svedočanstvo o Istini,* u dovoljnoj meri osuđuje hrišćansku nepromišljenost i verovanje da umreti kao mučenik znači obezbediti spasenje, smatrajući, kako autor kaže, da ćemo „ako se predamo smrti, (Hristovog) imena radi biti spaseni". Ali, dok poput Justina umišljaju da će vaskrsnuti i biti nagrađeni isto kao Isus, autor *Jevanđelja po Judi* insistira da oni jedino saučestvuju u nasilnoj smrti.

Ipak, hrišćani iz drugog veka koji su pisali ovakva „otkrovenja" priznavali su, isto tako, da su živeli u vreme kada su hrišćani često ubijani zbog sopstvene vere. Čak i oni koji su odbijali da veličaju mučeništvo, ili da to, čak, priznaju za „Božju volju", priznavali su da su, isto tako, živeli pod stalnom pretnjom da budu uhapšeni, mučeni i pogubljeni voljom rimskih sudija. Oni koji su odbacivali ideju da je Isus umro kao neophodna žrtva za naše grehe ili da će mučenici vaskrsnuti, i posle svega, i dalje su živeli s pitanjima koja je ova učenja trebalo da razreše: Kako čovek treba da savlada stradanje? Kakvo značenje može da se nađe – ako uopšte može – u Isusovom stradanju i smrti, ili bilo čijem, uključujući i sopstvenom? Dva teksta pronađena u Čakos kodeksu[5] – istoj antičkoj knjizi koja donosi i *Jevanđelje po Judi* – pruža jasne odgovore. I *Prva apokalipsa Jakovljeva* i *Petrova poslanica Filipu* opisuju prizore u kojima se apostoli suočavaju sa neposrednom – i nasilnom – smrću. Isus im pruža „otkrovenja" o sopstvenom stradanju i smrti koje objašnjava zbog čega i oni, takođe, moraju da pate i umru.

Autor *Prve apokalipse Jakovljeve*, na primer, piše o Isusu koji govori sa Jakovom, saopštavajući mu da će kao što je i sam bio uhvaćen i ubijen, tako i on [Jakov] biti kamenovan. Autor priče nas izveštava da je Jakov „bio preplašen, i da je jecao i bio silno potresen". Kada su, potom, seli na stenu, Isus nastavlja da mu govori šta da radi, i kako da se suoči sa onima koji su pretnja njegovom životu. Kao i u *Jevanđelju po Judi*, Isus otkriva da potiče od božanskog izvora, kojem će se vratiti. Spasitelj se vraća posle vaskrsenja i uverava Jakova da „[n]ikada ne propatih ni na koji način, niti se potresoh. A ovi ljudi mi ne učiniše ništa nažao".[6] Kao i u *Jevanđelju po Judi*, Isusova smrt u *Prvoj apokalipsi Jakovljevoj* treba da izbavi ljude iz vlasti vladara nižeg sveta. Tvoja smrt, govori Isus Jakovu, izbaviće te od njih.[7] On odobrava raspeće radi raskrinkavanja vladara sveta, jer kad oni pokušavaju da ga se dočepaju, on ih nadvladava – dokazujući da su bespomoćni, isto kao i nemoralni.[8] Kad Jakov shvati da smrt označava samo odmazdu „slabašnom telu", on prestaje da jeca jer se utešio. Poput Jude, Jakov takođe mora da propati i umre, ali obojica iz Isusovog primera shvataju da ih smrt oslobađa okova koji ih vežu za nepravedne vladare.

Na sličan način, *Petrova poslanica Filipu* kazuje kako se učenici okupljaju na Maslinovoj gori, gde se mole Isusu: „Sine života, sine besmrtnosti, koji je u svetlosti, sine, Hriste besmrtnosti, Iskupitelju naš, daj nam snage, jer hoće da nas ubiju" *(PetrFil* 134:2–9). Iz silnog svetla koje blešti preko gore, Isusov glas im saopštava da je neophodno da propovedaju spasenje sveta, ali da će tada stradati, jer su vladari sveta protiv njih. Vi „se borite protiv čoveka u sebi", govori im on, ali Otac

„će vam pomoći kao što vam je pomogao šaljući vam mene" – naglašavajući da je smrt pripada samo telesnom biću, ne duhu.[9] Utešili su se kad ih je uverio da ne treba da se plaše, jer „ja sam s vama zauvek". Na kraju, Petar priznaje da je Gospod Isus „pokretač života", i potom, osnaženi, odlaze da propovedaju i isceljuju. Za ove hrišćane, činjenica da je Isus stradao i umro, značila je da je on znao sa čime se oni suočavaju – i obećao da će biti uz njih.

Sva tri rada iz Čakos kodeksa, uključujući *Jevanđelje po Judi*, ističu da će svako, ko se uputi duhovnim putem i kritikuje neuke i poročne vladare koji upravljaju svetom, biti progonjen i da će stradati – kao što Isus nerpestano ponavlja Judi. Kad Juda pita kakvog dobra će mu ovo doneti, Isus mu odgovara da iako će ga ljudi proklinjati, na kraju će upravljati njima kad se uzdigne ka svetom rodu *(Juda* 9:26–30). Što više shvata, to više uviđa da će biti proklet i nagrđen na ovom svetu, čineći ono što mu Isus zapoveda da čini. Ipak, kao što *Prva apokalipsa Jakovljeva* i *Petrova poslanica Filipu* pokazuju, Isus nalaže učenicima da propovedaju i isceljuju, i tako se suprotstave vladarima sveta – i onim palim anđelima na nebesima i ljudima koji su, ponašajući se poput njih, ubili Isusa i kamenovali Judu.[10] Konačno, iako *Jevanđelje po Judi* ne ohrabruje mučeništvo, ironično – ili bolje rečeno, paradoksalno – ono prikazuje Judu kao prvog mučenika. Ovo jevanđelje otkriva da kad Juda predaje Isusa, on zapečaćuje sopstvenu sudbinu. Ali, on takođe zna da, kada ga ostali učenici kamenuju, oni ubijaju samo njegovo smrtno telo. Njegova duhom ispunjena duša ionako je već pronašla svoj dom u svetu od svetlosti. Iako hrišćani pate i umiru kada se suprotstavljaju silama zla, održava ih nada koju donosi Hristos. Ova otkrovenja ohrabruju i teše i one koji naslućuju stradanje i smrt – i, uopšte, sve druge.

Ali, kako ovakvo jevanđelje može da bude *dobra vest* – budući da „jevanđelje" upravo to znači? Autor *Jevanđelja po Judi* kaže da svako ima snage da se odupre anđeoskim silama, jer, kao što Isus podučava Judu, samo su ljudi to što duh drži zatvorenim unutar tela *(-Juda* 13:14–15). Tragajući za duhom u sebi, ljudi mogu da savladaju vladare haosa i zaborava, da vide Boga, i stupe u nebesku kuću Božju. A to mogu da postignu i ako žive na ovom svetu. Kao što Isus i Juda stupaju u svetlostni oblak tokom života na zemlji, tako i oni koji ih slede mogu da vode duhovni život i poznaju Boga ovde i sada. Telo ne može da ograniči spoznaju duha više od smrti, što ne predstavlja ništa drugo nego poslednji korak ka Bogu. Kao što se i svačiji život, izgleda, završava tragedijom smrti, tako se i *Jevanđelje po Judi* završava Judinom predajom Isusa neprijateljima koji ga ubijaju. Kao što ovo jevanđelje govori, Juda zna da će, postupajući na ovaj način – i to na Isusovu zapovest – navesti druge učenike da ga zamrze i do smrti kamenuju. Međutim, ono što čini ovu „dobru vest" jeste to što je Juda, kroz Isusovo učenje, otkrio i smrt: da ono što umire jeste samo njegovo smrtno Ja, a da njegova duša, ispunjena duhom, prepoznaje svoj dom u Bogu.

U potrazi za vizijom Boga iznutra, *Jevanđelje po Judi* zauzima svoje mesto unutar širokog reda novotkrivenih tekstova u Egiptu, pisanih radi širenja onoga što je smatrano stvarnim Isusovim učenjem. Neki radovi prevashodno su nadahnuti *Jevanđeljem po Jovanu*. *Tajno otkrovenje Jovanovo*, na primer, tvrdi da otkriva „misterije" koje je Spasitelj ostavio „Jovanu, učeniku svojemu... bratu Jakovljevom, sinu Zavedejevom" *(TajJov* 11.1:2–3).[11] Ono govori o tome kako je Jovan, ožalošćen zbog Isusa, pošao u Hram da se moli. Ali, pošto ga je farisej ismejao jer je dozvolio da ga Isus prevari i okrene ga protiv tradicionalnog jevrejskog učenja, Jovan nije mogao da natera sebe da uđe unutra. Umesto da uđe, on se okrenuo i otišao nekud u pustinju, ophrvan žalošću i sumnjom. Iznenada se, kaže Jovan, zemlja protresla, a sjajna svetlost blesnula oko njega. Jovan, sav preplašen, vidi Hrista kako se pojavljuje usred svetla, menjajući oblike, najpre se pojavljujući u obliku deteta, potom starca. Potom ga čuje da govori: „Jovane, Jovane, zašto sumnjaš i zašto si se uplašio?... Ja sam onaj koji je uvek s tobom. Ja sam Otac; Ja sam Majka; Ja sam Sunce" *(TajJov* 11.9:11–12).

Kao i u *Jevanđelju po Judi,* Spasitelj teši Jovana podučavajući ga o čitavom univerzumu, istini o Bogu, i poreklu i spasenju ljudskog roda. Dok Jovanov strah jenjava, on počinje da shvata da duhovni život otelovljen u Spasitelju – i onaj koji doživljava u sebi – postoji; i s radosnim olakšanjem Jovan shvata da je to „vidjelo [koje] se svijetli u tami" i da ga tama nije obuzela (up. *Jn* 1:5).

Još jedno jevanđelje koje je Irenej poznavao i osudio, *Jevanđelje o Istini,* takođe počinje razmatranjem onoga o čemu su Pavle i *Jevanđelje po Jovanu* podučavali, da nam Isusova smrt otkriva Božju ljubav – ali u drugačijem pravcu. Ne protiveći se poznatom učenju da Isus svojom smrću iskupljuje naše grehe, ovo jevanđelje počinje iskazom da je „jevanđelje o istini radost onima koji od Oca istine primiše milost da ga poznaju". Govoreći o „progonu i strahu" koji osećamo kad živimo bez Boga, ono kaže da je Isus došao na ovaj svet kao „skrivena misterija", kako bi doneo svetlost svima koji su patili i živeli u tami (*JevIst* 18:15–18). Ali, umesto žrtve prinete za grehe čovečanstva, *Jevanđelje o Istini* prikazuje Isusa na krstu kao „voće na drvetu" – poput voća sa drveta znanja iz *Postanja* 2:17. Ovom slikom *Jevanđelje o Istini* menja značenje pričešća. Jer, dok je jedenje sa drveta znanja u Raju „donelo smrt" onima koji su ga jeli, jedenje ovog pravog „voća sa drveta znanja" donosi život. Tako *Jevanđelje o Istini* ukazuje da oni koji se služe Isusom, deleći hleb koji simbolizuje njegovo telo, otkrivaju skrivenu misteriju – to jest, sopstvenu vezu s Bogom. Sudelujući u ovoj prisnoj zajednici oni počinju da spoznaju Boga – ne kroz intelekt, nego srcem – i takođe, da se upoznaju među sobom. Na ovaj način, kaže se u *Jevanđelju o Istini*, „on ih otkriva u sebi, a oni ga, opet, otkrivaju u sebi" (*JevIst* 18:29–31).

Poput pesnika, autor *Jevanđelja o Istini* pruža još jednu sliku krsta. Kao u snu, krst postaje drveni stub na kojem se objavljuju carski edikti, kako bi svako mogao da ih vidi. Ali, ono što Isus „objavljuje" na krstu bila je Božja volja. Jer, kako se volja daruje samo kada neko umre, tako je Isus, svojom smrću, svakome podario Božju volju, kako bi mogao da vidi da: „... se Isus pojavio. Da je ispisao tu knjigu. Da je bio pribijen na drvo. Da je na krstu objavio Očevu volju. O, kakvo veliko učenje!" (*Jevist* 20:23–28). Ono što je Isus objavio, bila su takoreći imena sve ljubljene Božje dece, a ono što je Božja volja, jednostavno je ovo: da svi treba da ga spoznaju i vole, isto kao i jedan drugog.

Kakav Bog, dakle, želi samo ovo? Suprotstavljajući se vernicima koji upozoravaju na Božji gnev i sud, *Jevanđelje o Istini* objavljuje da oni koji zaista znaju Boga „ne misle o njemu", kao što drugi sugerišu, „kao o sitničavom, surovom ili gnevnom", nego kao o ljubaznom i milostivom Ocu *(JevIst* 42:4–9). Poetski, ponekad lirski, ovo jevanđelje objavljuje da je Bog poslao svog sina ne samo da nas izbavi od greha počinjenih u zabludi, nego da sva bića upravi božanskom izvoru odakle su i došla, „kako bi se vratila Ocu i Majci, Isusu najslađem" *(JevIst* 24:–9). Tako, svima koji lutaju ovim svetom straha, patnji i konfuzije, Isus otkriva božansku tajnu: da su svi duboko povezani s Bogom Ocem, i božanskom Majkom, Svetim duhom. Onima koji život na ovom svetu doživljavaju kao noćnu moru, ova poruka pruža nadu da „ste savršen dan, i da se u vama nastanila svetlost koja ne gasne" *(JevIst* 32:31–34).

Treće tumačenje Hristovog stradanja, nadahnuto *Jevanđeljem po Jovanu,* jeste veličanstvena pesma pod nazivom *Kolo oko Krsta*.[12] Nepoznati hrišćanin koji je sastavio ovu pesmu, primetivši da *Jevanđelje po Jovanu* nikada ne kazuje priču o „poslednjoj večeri" na kojoj

Isus govori svojim učenicima da jedu hleb kao njegovo telo i da piju vino kao njegovu krv, očigledno piše epizodu kao dodatak onome što nedostaje, kako bi ukazao da se još nešto dogodilo te noći. *Dela Jovanova* kazuju kako je, posle večere, Isus izveo svoje učenike napolje, i pozvao ih da zaigraju i zapevaju sa njim:

> Pre no što beše uhapšen... sve nas je okupio, i rekao: „Pre nego što budem predat njima, zapevajmo slavopoj Ocu, i suočimo se s onim što je pred nama." Onda nam je rekao da napravimo krug, držeći jedan drugog za ruke, a on sâm je stao u sredinu i kazao: „Uzvratite mi *Amin*."

Tada, pošto su ga učenici okružili, igrajući, Isus počinje da čanta slavopoj:

> „Slava tebi Oče." A mi, okruživši ga, uzvratismo mu: „Amin."
> „Slava tebi, Reči [logose]; slava tebi, Milosti." „Amin."
> „Slava tebi, Duše; slava tebi, Sveti..." „Amin."
> „Slavimo te Oče; hvalimo te, Svetlosti, u kojoj ne živi tama." „Amin."

Posle slavopoja, Isus nastavlja ovo mističko čantanje dok drugi igraju i čantaju, uzvraćajući na svaki stih:

„Biću spasen, i spasavaću."
„Amin."
„Biću oslobođen, i oslobađaću."
„Amin."
„Povrediću, i biću povređen."
„Amin."
„Ješću, i biću pojeden."
„Amin."
„Zasviraću frulu. Zaigrajmo, svi." „Amin."
„Ja sam svetlost onima koji me vide."
„Amin."
„Ja sam ogledalo onima koji me znaju."
„Amin."
„Ja sam vrata onima koji kucaju na mene."
„Amin."

Dok se kolo razvija, Isus poziva igrače da vide sebe u njemu:

„Vi koji pratite moju igru, pogledajte sebe u meni, dok vam govorim,
A ako vidite šta činim, ne govorite o mojim misterijama."

MISTERIJE CARSTVA 133

Igrajući i pevajući, Isus otkriva misteriju stradanja: da treba da strada kako bi im pokazao sopstveno stradanje, da bi mogli da shvate – i na taj način ga prevaziđu:

„Vi koji ste u kolu, neka vam je jasno šta ja činim; jer ono zbog čega ću da postradam, tiče se vas. Bez sumnje, ne biste mogli da shvatite šta ispaštate, da me Otac moj nije poslao kao reč. Vi koji ste videli moje patnje, neka su vam jasne vaše muke, jer ćete onda moći da ne patite."

Dok igraju i odgovaraju na njegovo čantanje, Isus im otkriva da mora da pati kako bi im ukazao na paradoks, umnogome nalik onome čemu je Buda takođe podučavao: da oni koji postanu svesni svoje patnje i shvate je kao univerzalnu, istovremeno je se oslobađaju. Tako ih on poziva da mu se pridruže u kosmičkom plesu:

„Ko pleše pripada univerzumu."
„Amin."
„Ko ne pleše, ne zna šta se dešava."
„Amin."

Oni koji su napisali i duboko poštovali *Dela Jovanova* očigledno su ovo čantanje koristili da obeleže pričešće. Međutim, umesto da jedu hleb i ispijaju vino kako bi „smrt Gospodnju obznanili" *(1 Kor* 11:26) na način na koji to i drugi hrišćani čine, oni čantaju ove reči dok se drže za ruke i vrte u kolu, obeležavajući zajedno misteriju Isusovog i sopstvenog stradanja. Zaista, neki hrišćani na ovaj način obeležavaju pričešće i dan danas.

Tako se, „dobra vest" iz *Jevanđelja po Judi*, kao što Pavle piše, sastoji u „stradanju sadašnjega vremena [koja] nijesu ništa prema slavi koja će nam se javiti" *(Rim* 8:18). Jer, iako se ono što se dešava Isusu, što svako na ovom svetu može da vidi, završava groznim mukama na krstu, a ono što se dešava Judi okončava njegovim ubistvom, obojica imaju nadu. Oni do kojih dopire ova poruka, shvataju da smo, mnogo više od pukog fizičkog tela sa složenim psihičkim komponentama, u stvari, suštinska duhovna bića kojima preostaje da u sebi otkriju ono što pripada duhu. Ovo jevanđelje sugeriše da se naši životi sastoje od nečeg većeg nego što biologija ili psihologija mogu da objasne – da naš stvarni život počinje kada duh Božji preobrazi dušu.

Jevanđelje po Judi, stoga izgleda da se završava propašću: Isus je izdan; Judu će do smrti kamenovati njegova sabraća učenici. Ali, kao što smo videli, obojica su već osigurala spasenje. Isusovo stradanje pokazuje kraj same smrti, potvrđujući našu suštinsku duhovnu prirodu. Zagledavši se nagore i kročivši u svetlosni oblak, Juda je sve, samo ne prvo voće onih koji slede Isusa. Njegova zvezda pokazuje put.

ZAKLJUČAK

„Kako bi ljudska bića stvorila najbolje uslove za sopstveno naseljavanje, od suštinske je važnosti da se vizija o stvarnosti koju pruža poezija preobrati, mnogo više od pukog ispisa o poznatim okolnostima iz sopstvenog vremena i mesta."

– Šejmas Hini, „Radost ili noć"

Na početku ovog eseja o *Jevanđelju po Judi*, upitali smo se kakvu nadu autor pruža u pogledu ublažavanja svog gneva. Jesmo li pronašli tu nadu, tu viziju? *Jevanđelje po Judi* teško je čitati, ne samo zbog njegovog neobičnog jezika brojeva i eona, čudnih imena i pukotina u tekstu, nego i zbog žestokog gneva koji autora nagoni da se ruga i osuđuje one koji tragaju za značenjem unutar nepravednog pogubljenja i torture nad prijateljima i porodicom. Ponekad njegov ton zvuči kruto improvizovan po svom korišćenju antijevrejskih i homofobičnih pogrda – prevashodno optužujući jevrejske sveštenike ispred Hrama za ubistvo i istopolne odnose, očigledno ne hajući zbog toga što ovakva zastranjivanja unutar uobičajene rasprave mogu da povrede ljude.

ZAKLJUČAK

Ipak, uprkos ovakvom gnevu, autor *Jude* dočarava viziju „najsvetlijih uslova stanovanja" – ogroman svetlosni hram od trperavog lišća daleko od svakog zla ovog sveta i moralnog haosa i zaborava – veličanstven san, naročito za one koji žive u oblastima pod okupacijom i upravom rimskih legija. Mera ovog jevanđelja, kao što Hini sugeriše, leži u sposobnosti za preobražajem. Postoji li, na ovim stranicama, svetlost koja preobraća? Reklo bi se da nije bilo mnogo onih među ranim hrišćanima koji su shvatali da ovde – osim, možda, onih koji su prepisivali ovo jevanđelje i pažljivo ga, kako se ispostavilo, sačuvali u kovčežiću od kamena, skrivenom u grobnici, vekovima prepuštenom na brigu jedino mrtvima. Za ostale, *Jevanđelje po Judi* predstavljalo je opustelu stazu, užas izmrcvarenih tela u ime Boga, odbačeno u korist jasnih i krutih priča o herojima koji su umrli za veru.

Ovo jevanđelje ne možemo da razumemo – ne možemo da čitamo kao „dobru vest" – po strani od okolnosti iz vremena i okruženja njegovog autora, po strani od rimskog progona i teških sporova koje je podsticalo. Podsećanje na ove stvari dopušta nam da donekle saosećamo sa ovim hrišćaninom, njegovim gnevom, možda, čak, i njegovim insistiranjem na božjoj kazni koju zamišlja kao prepuštanje crkvenih vođa stazi smrti, za koju oseća da su je sami za sebe izabrali kada su odlučili da poštuju gnevnog boga. Poput svih moralnih tekstova, *Jevanđelje po Judi* može da nas navede da se upitamo kakvo je naše mesto u svetu polarizovanog verskog nasilja. Ali, ta naklonost, i čak samo to samoopažanje, možda nisu dovoljni; blještava vizija možda je bila previše u senci gneva i osvete da bi mogla da se transformiše. Ili možda nije.

Ovaj dugo skrivani tekst sada nalazi svoje mesto uz izvore kao što su *Jevanđelje po Tomi* i *Jevanđelje po Mariji iz Magdale*. *Jevanđelje po Judi*, daleko od toga da je bizarno i marginalno kao što smo prvobitno sumnjali, odvodi nas pravo u središte rasprave o tome kakvo će hrišćanstvo biti. Poput drugih nedavno otkrivenih tekstova, *Jevanđelje po Judi* pomaže nam u ispisivanju detaljnijeg, složenijeg, i iznad svega čovečnijeg izveštaja o istoriji hrišćanstva, od svih do sada napisanih. Kada se obraćamo mnogo bližim izvorima – novozavetnim jevanđeljima i tekstovima „otaca crkve" – u kontekstu njihovog vremena i prostora, ovi novootkriveni tekstovi su nam od ogromne pomoći. U novozavetnim jevanđeljima, takođe nailazimo na drugačije tonove straha i nade. Tako jedan pasus iz *Jevanđelja po Judi* daje negativnu sliku jevrejskih sveštenika, isto tako i novozavetna jevanđelja po *Mateju*, *Luki* i *Jovanu* donose pasuse

ZAKLJUČAK

koji varniče od drevnih antagonizama, koji i danas nastavljaju da podstiču mržnju protiv Jevreja, protivrečeći svemu što govori o ljubavi.[1] Istorijska istraživanja pokazuju kako su ove tradicije proizvod teških sporova – tradicije, s vremena na vreme, žučno osporavane, i često svojatane od strane ljudi koji insistiraju da su jedini pravi hrišćani.

Nedavna otkrića pomažu nam, takođe, da shvatimo koliko su se bezbrojni crkveni prvaci upinjali da stvore utisak koji mnogi od nas prihvataju zdravo za gotovo – da je hrišćanstvo, u stvari, jedinstven, statičan, univerzalni sistem verovanja. Stvaranje ovakvog utiska bilo je neponovljivo dostignuće – ono kojem su izvesni „crkveni oci" bili posvećeni. Ipak, ovo su radili upravo zbog toga što su shvatali da sporovi oko osnovnih pitanja – poput onih postavljenih u *Jevanđelju po Judi* – mogu da potkopaju „opštu crkvu" koju su pokušavali da izgrade, zajedno sa prevlašću koju su zahtevali samo za sopstvenu crkvu. Vođe poput Ireneja, posvetili su decenije svojih života uspostavljanju struktura simvola, kanona, sveštenstva, verujući da opstanak pokreta zavisi od njih – i na neki način možda su imali pravo, jer postoje ograničenja u pogledu broja različitih stavova koje svaka grupa može da podnese, naročito u nemirna vremena. Ipak, nedavno otkriveni tekstovi pokazuju nam ono što je zbrisano u času kada su ove institucije učvršćene, a silni ranohrišćanski glasovi ućutkani.

I sami danas istražujemo hrišćanske tradicije, jer u njima srećemo mnogo toga što volimo, i mnogo toga što se obraća našim najdubljim uverenjima, strahovima i nadama. Kada u različitim jevanđeljima – novozavetnim i nekanonskim – nailazimo na elemente koje ne možemo da volimo, shvatamo da ih posedujemo kao deo sopstvene istorije i ostavljamo ih po strani ili ih kritički koristimo kada je reč o veri i obredima. U tom procesu, shvatamo da je to bio način na koji su se hrišćani postavljali prema tradicijama koje su oblikovale hrišćanstvo tokom hiljada godina. Svako pokolenje koje ih je koristilo, i svaka grupa koja je činila isto, usvajala ih je, prilagođavala i menjala, baš kao što i mi, i bezbroj drugih, i danas činimo.

Mnogi ljudi pitali su šta treba da radimo sa ovim *drugim jevanđeljima*. Treba li da ponovo ispisujemo kanon kako bismo uključili neke od ovih dugo odbacivanih knjiga? Smatramo da je tako nešto nekorisno – pored toga, besmisleno. Crkvene starešine uspostavile su kanon u određenom ključnom trenutku istorije i u određenu svrhu: da potvrde spisak knjiga „odobrenih" za čitanje na javnim službama, kako bi ujednačili pokret pod svojim vođstvom. Ono što je sigurno, kanon je pomogao baš u ovoj stvari, jer se, čak i danas, ljudi koji pripadaju ogromnom nizu crkava – medotistima, pentakostalnoj crkvi, baptistima, rimokatolicima, pravoslavcima, adventistima, episkopalnoj crkvi, da pomenemo samo neke – nadahnjuju iz iste zbirke novozavetnih knjiga, i čitaju ih na bogosluženjima.

Jevanđelja poput ovog, dakle, ne pripadaju kanonu – niti smatramo da ih treba prepustiti smeću. Umesto toga, njihovo mesto je tamo gde smo ih i postavili: unutar istorije hrišćanstva. Ipak, zbog toga mnogi od ovih tekstova takođe pripadaju literaturi duhovnog preobraćenja koju su hrišćani sastavljali, čitali, prepisivali i voleli pre više od petnaest vekova, a zbog toga i danas privlače mnoge od nas. Jer, čak i autor *Jude* od gneva stiže do otkrovenja – kada, na primer, Isus kaže učenicima da „iznedre savršenog čoveka" i otkriva Judi blještavo carstvo duha, osvetljeno Božjom ljubavlju. Ispitivanje ovih otkrića, dakle, pruža mnogo više od uvida u našu prošlost i sadašnjost; ono takođe otvara daleko širi red vizija od svega što smo zamišljali da Isus – i njegovo učenje – mogu da znače.

DRUGI DEO

Jevanđelje po Judi

Tokom više od petnaest vekova, od kada je *Jevanđelje po Judi* priključeno Čakos kodeksu, tekst je pretrpeo značajna oštećenja. Najgore se desilo posle ponovnog otkrića, tokom sedamdesetih godina prošlog veka, kada je usled nepravilnog rukovanja i čuvanja, umnogome svedeno na sićušne fragmente. Uprkos marljivom radu ekspertskog tima za restauraciju, ono i dalje obiluje mnogim prazninama (lakunama). Ponekada je tek nekoliko slova nečitko, ali neke lakune su prilično prostrane, ostavljajući po više od pola strane praznom. U prevodu koji isledi, one su označene uglastim zagradama [...]; broj tačkica unutar zagrada ukazuje na približan broj slova koja nedostaju. Istraživači su, koliko je bilo moguće, pokušali da odrede ono što je bilo ispisano unutar ovih lakuna, a ove sugestije date su takođe u uglastim zagradama. Pored toga, deo materijala opremila sam tako da prevod nalikuje na nešto tečniju prozu ili da, u pogledu nekih nejasnih izraza, čitaocima priložim uputstva; ovi materijali stavljeni su u obične zagrade: ( ).

Ovaj novi prevod zasnovan je na koptskom prevodu Rudolfa Kesera i Gregora Vursta*; sve izmene tog teksta potiču od mene ili drugih koje pominjem u *Komentarima uz prevod*.

---

* *The Gospel of Judas. Coptic Text.* The National Geographic Society, April 2006 (objavljeno na adresi http://www.nationalgeographic.com/lostgospel/document.html), uz izmene na osnovu popravljene verzije kritičkog izdanja Čakos kodeksa, prir. Rudolf Keset i Gregor Vurst; engleski prevod Marvin Mejer i F. Godar; napomene Marvin Mejer i Gregor Vurst, u izdanju National Geographic Society, Vašington, proleće 2007. Zahvalne smo Marvinu Mejeru na njegovom ljubaznom dopuštenju da pregledamo poboljšanu verziju ovog izdanja. Svi, ovde ponuđeni, pokušaji restauracije ostaju privremeni, sve dok ne budu mogli da budu potvrđeni proučavanjem izvornog rukopisa iz najavljenog faksimilnog izdanja.

Prevod *Jevanđelja po Judi*

Karen L. King

1¹ Ovo je tajna reč objave, ²sa izveštajem ka[da Is]us beše govorio s Judom [I]skario[tom] tokom osam dana, tri dana pre praznika Pashe.

³Kad stupi na zemlju, on učini znamenja i velika čuda za spas čoveka. ⁴Jer, iako neki nastaviše da [idu] putem pravde, ⁵drugi behu išli putem greha. ⁶I tako, dvanaest učenika behu pozvani, ⁷(i) on poče da im govori o misterijama koje su izvan ovog sveta i o stvarima koje će se zbiti na kraju.

⁸Međutim, ne otkrivaše se često svojim učenicima, nego vam je videti ga među njima kao dete.

⁹I življaše u Judeji sa svojim učenicima.

2¹Jednog dana nađe ih da sede na okupu (i) vežbajući (sebe) u pobožnosti. ²Kad [beše prišao] svojim učenicima, gde sede na okupu i blagosiljaju hleb, ³[on] se nasmeja.

⁴Učenic[i] mu rekoše: „Učitelju, zašto se smeješ dok dajemo hvalu? Ili onome što činimo? ⁵[Ovako] je pravo."

⁶On uzvrati, govoreći im: „Ne smejem se vama – ⁷vi ovo, čak, i ne činite po [svo]joj volji – ⁸nego (se smejem jer) će ovom (hvalom) vaš Bog primiti hvalu."

⁹„Učitelju, *ti* si [.....] sin našeg Boga", rekoše oni.

¹⁰Isus im reče: „Da li (zaista mislite) da me znate – kako? ¹¹Zaista vam kažem, niko od roda vašega nikada me neće znati."

¹²Kad, dakle, učenici čuše ovoga, [oni] počeše da se ljute i da [postaju] gnevni, i da hule na njega u svojim srcima.

¹³Ali kad Isus opazi njihovu ludost, ¹⁴[on] im [reče]: „Zašto puštate da vas gnev mori? Vaš Bog koji je u vama i [njegov ....] srde se [jako na] vaše duše. ¹⁶⁻Ko je [jak] među vama ljudima, nek iznedri savršenog čoveka ¹⁷i nek kroči pred mene."

¹⁸A oni rekoše: „Mi smo jaki!" ¹⁹Ali, njihovi duhovi ne imaše hrabrosti da ustanu da se suoče s njim – osim Jude [Is]kariota. ²⁰On beše jak da ustane i da se suoči s njim, ²¹iako ne beše jak da mu pogleda u oči, nego skrenu pogled na stranu.

²²Juda mu reče: „Znam ko si i odakle si došao – ²³došao si iz carstva besmrtne Barbelo – ²⁴ali nisam dostojan da objavim ime onoga koji te beše poslao."

²⁵Onda mu Isus reče, shvatajući da on beše opazio još i više o ovim uzvišenim stvarima: „Ukloni se od njih. ²⁶Kazaću ti misterije o carstvu. ²⁷Moći ćeš da stigneš onamo, ²⁸ali pretrpećeš silnu patnju. ²⁹Jer, drugi [će] doći na tvoje mesto, e da bi dvananest uče[nika] opet bilo na broju sa svojim Bogom."

³⁰A Juda mu reče: „Kad ćeš mi kazati o tim stvarima, ³¹i kada će veliki [da]n od svetla svanuti za [......] rod?

³²Ali, kad mu reče ove stvari, Isus otide.

3¹ Kad dođe jutro, on [se pojavi] pred svojim učenicima, ²[i] oni mu rekoše: „Učitelju, kuda si otišao? ³Šta si radio kada si nas napustio?"

⁴Isus im reče: „Otišao sam do drugog velikog i svetog roda."

⁵Učenici mu rekoše: „Gospode, kakav je taj veći rod da je uzvišeniji i svetiji od nas, a ipak ga nema u ovom carstvu?"

⁶Kad, dakle, Isus ču ove stvari, on se nasmeja. ⁷On im reče: „Kako li u svojim srcima zamišljate snažan i sveti rod? ⁸[Z]aista vam kažem da nema potomka od

o[vog carstva] koji će videti taj [rod], [9]niti će ikakva anđeoska vojska od zvezda zavladati tim rodom, [10]niti će ikakav potomak smrtnog čoveka moći da mu pripada. [11]Jer, [t]aj rod nije od [ovog carstva] koji nastade, [nego.....] [12]Rod ljudi [koji su] među vama je od [r]oda ljudskoga. [13][............] sile koja [........] nekih drugih sila [........] jer vi vladate usred njih."

[14]Kad [njegovi] učenici čuše ovoga, svi do jednog se uznemiriše [u] duhu, [15]i ne mogoše ni reč da kažu.

4[1]Drugog dana, dođe Isus k [njima]. [2]Oni [mu] rekoše: „Učitelju, igledali smo te u [viziji]. [3]Jer, imadosmo neke velike sno[v]e [ove] noći [...]

[4][On reče]: „Zašto ste se [........] sakrili?"

[5]A oni reko[še: „Vi]desm[o] veliku ku[ću u kojoj beše o]groman olta[r i] dvanaest ljudi, koji nam rekoše da su sveštenici, i to na glasu. [6]Ali, beše puno ljudi koji postojano istrajavaše kod tog olatra, sve dok sveštenici ne [okonča]še [prinošenje] žrtvi. [7]A i mi, postoja[no ist]rajavasmo.

[8]Isus reče: „Kakvi [su] to [sveštenici]?"

[9]Oni [rekoše:] „Neki se [uzdržavaju d]ve [n]edelje. [10][Drugi], pak, prinose sopstvenu decu, drugi svoje žene, [11]sve puni hvale i držeći se ponozno jedni na druge. [12]Neki ležahu s mu[š]kima. [13]Drugi radiše na

klanju. ¹⁴Drugi, pak, čineći [sil]ne grehe i nepravdu. ¹⁵[A] čovek koji stajaše [ko]d oltara prizivaše tvoje i[me]! ¹⁶I isto koji čerečiše svoje žrtve, da se napuni oltar." ¹⁷I kad rekoše ove stvariućutaše jer bejahu se silno uznemirili.

¹⁸Isus im reče: „Zašto se uznemiriste? ¹⁹Zaista vam kažem, sveštenici koji stoje ko[d tog] oltara svi do jednog prizivaju moje ime. ²⁰I op[et] vam kažem, oni ispisaše moje ime po [...] roda zvezda kroz rod ljudskih bića. ²¹[A] u moje ime, oni besramno posadiše drveće bez ploda."

5 ¹Isus im reče: „*Vi* ste oni koje videste da primaju žrtve na oltaru. ²To je 'Bog' kojem služite. ³I vi ste dvanaestorica koje videste. ⁴A domaće životinje koje videste da prinose na žrtvu jeste narod koji vodite na stranu od ol[t]ara. ⁵Vladar haosa će se ustoličiti, ⁶i eto kako će se okoristiti imenom mojim. ⁷I rod pobožnih pojuriće svojski k njemu. ⁸Posle toga, drugi čovek zauzeće mesto blu[d]ni[ka], ⁹a drugi jedan stajaće kraj onih koji ubijaju decu, ¹⁰a drugi, pak, s onim što ležu s muškima, ¹¹i onima koji poste, ¹²i svim ostalim prljavštinama i bezakonjem i zabludom, ¹³i onima koji kažu: 'Mi smo ravni anđelima" – ¹⁴a oni su zvezde čiji je kraj svega. ¹⁵Jer, kaza se za rod čovečiji: 'Gle, Bog primi tvoju

žrtvu iz ruku sveštenika' – to jest, od poslanika zablude. ¹⁶Ali Gospod je – onaj koji je Gospod nad čitavim svetom – onaj koji zapoveda da će biti osramoćeni na kraj svih dana."

¹⁷Isus im [reče]: „Okanite se prinošenja žrtvi [..............] ¹⁸Na olt[a]ru je da va[m..........] jer oni su više zvezda vaših i anđela vaših, već prešli onamo. ¹⁹Nek postanu [....] ponovo pred vama, i nek ...

6 [*nedostaje oko petnaest i po redova iz rukopisa*]

roda [...] Nije moguće peka[ru] da nahrani sve stvoreno pod [nebom]. I

[*oko tri i po reda nije moguće prevesti*]

7¹Isus im reče: „Neka mine protivljenje vaše. ²Svaki od vas ima svoju zvezdu i [svako]...

[*nedostaje oko osamnaest redova iz rukopisa ili ih nije moguće prevesti*]

On dođe k onima koji [........iz]nikne iz drveta [*jedan red nije moguće prevesti*] [vre]me ovog carstva [..... po]sle vremena [..........]. I on radije pođe na vodu Božjeg raja i [ro]du koji će potrajati, jer [ne]će zagaditi [život] tome rodu. Al[i......] za večnost."

8 [1]Juda mu [reče: „Rav]i, Kakvo je voće u tog roda?"

[2]Isus reče: „Duše svih ljudi će umreti. [3]Ali, kad oni (koji su od svetog roda) okončaju vreme u carstvu i kad se duh odvoji od njih, [4]njihova tela će umreti, ali njihove će duše živeti i one će se uzdignuti."

[5]Juda reče: „Šta je, dakle, ostalima iz roda ljudskog činiti?"

[6]Isus reče: „Nije moguće posejati (semenje) na kamenu i požnjeti njihov plod. [7]Opet, ovakav je red [............] roda [čija je ukaljana] i iskvarena mudrost. [8][..] ruka koja stvori smrtnog čoveka, pa im duše idu gore ka carstvima koja su na visini. [9]Za[ist]a vam kažem, niko od [vladara, ni an]đela, [ni od v]lasti neće moći da opazi t[e predele o]namo, [10]koje će [ovaj veliki] (i) sveti rod [da vidi]." [11]Kad kaza ove stvari, Isus otide.

⁹¹Juda reče: „Učitelju, kao što si slušao njih, sad saslušaj mene. ²Jer, imao sam moćnu viziju."

³Ali kad Isus ču, on se nasmeja. ⁴On mu reče: „Zašto si tako uznemiren, trinaesti bože? ⁵Ali kaži i ti, a ja ću te podržati."

⁶Juda mu reče: „Video sam sebe u viziji. ⁷Davanest učenika beše me kamenovalo; ⁸[opako] me progoniše. ⁹A ja, [ta]kođe, pođoh onamo [.........] za tobom. ¹⁰Videh [kuću.....] ali očima ne mogoh da je [premerim]. ¹¹Ali, neki mudraci od velikog ugleda okružiše me, ¹²i ta kuća beše pokrivena lišćem. ¹³U sredini kuće be[še] go[mila...............]. ¹⁴Učitelju, dopusti mi da uđe[m s ti]m ljudima."

¹⁵[Isus] uzvrati. On reče: „Tvoja zvezda te vodi na stranputicu, Judo, ¹⁶jer među ljudskim rodom nema onog koji je vredan da kroči u kuću koju si video. ¹⁷Jer, to je mesto koje se čuva za one svete, ¹⁸mesto na kojem ni Sunce, ni Mesec neće vladati njima, kao ni dan, ¹⁹⁻nego će zauvek čvrsto stajati u carstvu sa svetim anđelima. ²⁰Gle, kazah ti o misterijama carstva ²¹i podučih te o zabludi zvezda i [*oko jednog i po reda nije moguće prevesti*] nad dvanaest carstava."

²²Juda reče: „Učitelju, zasigurno se vladari ne zanimaju za moje seme?"

²³Isus odgovori. On mu reče: „Hajde... [²⁴*otprilike dva reda nije moguće prevesti*] ²⁵[a]li jer ćeš gorko jecati kad ugledaš carstvo i sav njegov rod."

²⁶Kad Juda ču ove stvari, on mu reče: „Kakve koristi sam primio kad si me izdvojio za taj rod?"

²⁷Isus odgovori. On reče: „Postaćeš trinaesti ²⁸i od tvoga roda svi će te prokleti – ²⁹ali ti ćeš vladati njima. ³⁰U poslednje dane, oni će < > i ti ćeš otići gore ro[du] svetih."

10 ¹Isus reče: [Haj]de i [po]dučiću te [o stvarima..... koje] niko od ljudi videti neće. ²Jer, onamo postoji veliko carstvo i beskraj čiju meru niko od roda anđeoskog ne može dokučiti. ³[U] njemu je veliki nevid[lj]ivi Du[h] – ⁴onaj kojeg oko anđela ne vide, niti mu kakva misao srce ne obujmi, niti ga ko naziva ikakvim imenom. ⁵A oblak od svetla beše stupio na to mesto.

⁶A on reče: 'Nek se javi kakav anđeo da sasluša'. ⁷I veliki anđeo – blještavi božanski Samorodni – izađe iz oblaka. ⁸I zbog njega još četiri anđela izađoše iz dugog oblaka, ⁹i oni se javiše kao pratnja anđeoskom Samorodnom.

¹⁰A [S]amo[rodni] reče: 'Nek se [Adam] javi', i [..........] se javi. ¹¹A on stvori prvo telo od svetla kako bi vladao njime. ¹²Sledeće reče: 'Nek se jave anđeli da ga blagosiljaju" ¹³i nastade nepregledan roj. ¹⁴A on reče: '[Ne]k se blještavo [ca]rstvo javi', ¹⁵i javi se. ¹⁶On utvrdi drugo telo od svetla da vlada nad njime, ¹⁷zajedno sa bezbroj anđeoskih rojeva da ga blagosiljaju. ¹⁸I ovako on sazda ostatak carstava od svetla, ¹⁹utvrdi (tela od svetla) da vladaju njima, ²⁰i on stvori za njih bezbroj anđeoskih rojeva njima na službi.

11 ¹Adam beše živeo u prvom oblaku od svetla, ²(pak) niko među anđelima – koji se zovu 'božanski' – ne vide taj (oblak). ³A on [*otprilike dva reda nije moguće prevesti*] ⁴slika [...........] i prema slici t[og an]đela. ⁵On učini da se neporočni [rod] Setov javi [......] dvanaest [.......] dvadeset [če]tiri [.......]. ⁶Voljom Duha, on učini da se sedamdeset dva tela od svetla jave neporočnom ro[du]. ⁷Tad, voljom Duha, sedamdeset dva tela od svetla učiniše da se trista šezdeset tela od svetla jave neporočnom rodu kako bi njihov broj mogao da iznosi po pet na svakog.

⁸„A njihov otac su dvanaest carstava dvanaest svetlećih tela, ⁹sa šest nebesa za svako carstvo, e da bi

sedamdeset dva nebesa mogla da postanu za sedamdeset dva tela od svetla, [10]sa [pet ne]beskih svodova za svako [od njih, e da bi] tri stotine šezdeset [nebeskih svodova moglo da postane.....]. [11]Njima beše data vlast, i [velika, bezbroj]na vojska anđela na slavu i mil[ost], [12][i] potom [još] devičanski [du]hovi na sl[a]vu i [mil]ost svih carstava i nebesa i njihovih [ne]beskih tela.

12[1]„Dakle, ta se sila besmrtnika zove 'kosmos', to jest, 'što propada'. [2]Od Oca i sedamdeset dva tela od svetla koji su uz Samorodnog i njegova sedamdeset dva carstva javi se prvi čovek onamo (u propadljivom kosmosu) sa svojim večnim silama. [3]Jer, ovo carstvo, zajedno s njegovim rodom koji se javi, jeste ono od oblaka znanja i anđela po imenu 'El' [4]*[nedostaje oko 3 reda]*.

[5]„[Po]što reče ovo, on [....] reče: 'Nek [dv]anaest anđela postanu [e da bi vladali] nad haosom i za[boravom]'. [6]I gle, a[nđeo] se ja[vi] iz oblaka, a iz lica mu sipa oganj, [7]a telo mu poprskano krvlju. [8]I on beše imao [jedno i]me, 'Nebro', koje znači 'otpadnik', [9]ali neki drugi zovu ga 'J[al]dabaot'. [10]I opet drugi anđeo postade iz oblaka (koji se zvaše) 'Saklas'. [11]Nebro tada

stvori šest anđela zajedno sa Saklasom da [ga] služe. ¹²⁻A ovi načiniše dvanaest anđela na nebesima, ¹³od kojih svaki primi dodeljeni mu deo neba. ¹⁴I dvanaest vladara, zajedno sa dvanaest anđela rekoše: 'Nek svaki od vas...' [¹⁵*oko tri reda nije moguće prevesti*] [pet] anđela.

¹⁶Prvi je [Se]t, koji se zove 'Hristos'. ¹⁷[Drug]i je Harmatot, kojem [............]. ¹⁸[Treć]i je Falila. ¹⁹Če[t]vrti je Jobel. ²⁰Peti je Adonaj. ²¹Ovo su petorica koja vladaju nad zaboravom i oni su prvi nad haosom.

13 ¹„Tad Saklas reče svojim anđelima: 'Da stvorimo čoveka [pr]ema obličju i prema slici'. ²Dakle, stvoriše Adama i njegovu ženu Evu. ³Ali u oblaku, ona se zvala 'Zoi' ('Život'). ⁴Jer, po ovom imenu svaki će je rod tražiti, ⁵i svako će je prozvati svojim imenima.

⁶„Ali [Sa]klas ne zap[ovedaše.......] os[im...........] ro[d]a [.........] ovaj [.............]. ⁷A [vladar] mu reče: 'Tvoj život i život tvoje dece trajaće (tek) neko vreme'."

⁸Juda reče Isusu: „[Koliko] najduže čovek može da poživi?"

⁹Isus reče: „Zašto si iznenađen što je vek Adamov i njegovog roda odbrojan na ovom svetu? ¹⁰Na ovom svetu je primio svoje carstvo, sa svojim vladarom, za (ograničeno) vreme."

¹¹Juda reče Isusu: 'Umire li čovekov duh?"

¹²Isus reče: „Evo kako je pravo: Bog zapovedi Mihajlu da ljudima pozajmi duhove e da bi mogli da mu se mole. ¹³Tada Onaj Veliki zapovedi Gavrilu da podari duh i dušu duhovima velikog nepodjarmljenog roda. ¹⁴Zbog ovoga, preo[sta]le duše će... [*oko jedan i po red nije moguće prevesti*] ... svetlost ... [*oko jedan i po red nije moguće prevesti*] ... ¹⁵da traga [za] duhom u vama [koji v]i učiniste da se naseli u ovom [te]lu među rodom an[đel]a. ¹⁶Tad Bog zahtevaše da se znanje [dâ] Adamu i onima sa njim, ¹⁷e da vladari haosa i zaborava ne bi mogli da gospodare nad njima."

14¹[Potom]Juda reče Isusu: „Šta će, onda oni preduzeti?"

²Isus reče: „Zaista vam (množ.) kažem, zvezde donose kraj svim stvarima. ³Jer, kada Saklas beše okončao svoje doba koje mu bi određeno, ⁴njihova prva zvezda biće spremna da pođe s tim rodom, ⁵i stvari koje kazasmo okončaće se. ⁶Tad će bludničiti u moje ime, ⁷i ubijaće decu, ⁸i...

[⁹⁻¹⁰*oko osam i po redova nije moguće prevesti*]

...u] moje ime, ¹¹i tvoja zvezda zavla[daće] [tri]naestim carstvom."

¹²Ali potom se Isus [nas]meja.
¹³[Juda re]če: „Učitelju, [zašto nam se smeješ?]"
¹⁴[Isus] uz[vra]ti. [On reče]: „Smejem se, ali zabludi zvezda, ¹⁵jer ovih šest zvezda idu stranputicom sa ovih pet ratnika, ¹⁶i svi će nestati zajedno sa onima koje stvoriše."
¹⁷Potom Juda reče Isusu: „Šta će oni kršteni tvojim imenom učiniti?"
¹⁸Isus reče: „Zaista [ti] kažem, Ovo krštenje [..........] moje ime ...

[*oko osam redova nije moguće prevesti*]

... umru [........] za mene."

15¹ „Zaista ti [ka]žem, Judo, oni koji prinose žrtve Saklasu[.....b]ogu ... ²[*oko tri reda nije moguće prevesti*] ... sve [jer oni su r]đavi. ³A ti ćeš ih nadmašiti sve. ⁴Jer, na žrtvu ćeš prineti telo u kojem sam se nastanio. ⁵Truba je tvoja već dignuta, ⁶gnev je tvoj nadošao, ⁷zvezda je tvoja prošla ovuda, ⁸i tvoje je srce pobedilo.

⁹„Za[ista ti kažem:] 'Tvoj kraj...'

[¹⁰⁻¹¹*oko pet i po redova nije moguće prevesti*]

... vlad[ar] koji je uništen. ¹²[I] potom će se [me]sto velikog roda Adamovog uzvisiti, ¹³jer pre neba i zemlje i anđela, po carstvima taj rod živi. ¹⁴„Gle, sve ti se kaza. ¹⁵Pogledaj nagore i videćeš oblak i svetlo u njemu i zvezde koje ga okružuju. ¹⁶A ona koja pokazuje put, to je tvoja zvezda."
¹⁷Potom Juda pogleda gore. ¹⁸Vide oblak od svetla ¹⁹i kroči u njega. ²⁰A koji stajaše na zemlji začuše glas iz oblaka, koji govoraše: „[............] velikog ro[da..... sl]ika..."

[*oko šest i po redova nije moguće prevesti*]

16¹[Onda] prvosveštenik stade da gunđa, jer [on (Isus)] uđe [u] gostinsku sobu da se pomoli. ²A neki književnici motriše e da bi ga uhvatili na molitvi, ³jer se bojahu od naroda koji sav mišljaše za njega da je prorok.
⁴I pristupiše Judi. ⁵Rekoše mu: „Šta ti radiš ovde? ⁶Ti si učenik Isusov."

⁷Ali on odgovori kako oni rekoše. ⁸Tad Juda primi bakrenjake. ⁹I predade im ga.

¹⁰Jevanđelje po Judi

Komentari uz prevod

1:1 Prva reč u *Jevanđelju po Judi* jeste *logos,* što znači „reč", „govor", ili „izveštaj". Za one koji su čitali *Jevanđelje po Jovanu,* Reč (logos) je, u stvari, Isus („U početku bješe riječ... I riječ postade tijelo i useli se u nas... Boga niko nije vidio nikad: jedinorodni sin koji je u naručju očinom, on ga javi"; *Jn* 1:1, 14, 18). Autor *Jevanđelja po Judi* je, sasvim izvesno, poznavao *Jevanđelje po Jovanu* i možda na ovaj način ukazuje na njega. Kao i u *Jevanđelju po Jovanu,* i u *Judi* je Isus taj koji otkriva nepoznatu (skrivenu) prirodu Boga.

Ova vrsta dvostrukog značenja takođe se javlja i kod izraza prevedenog kao „objava" *(apophasis),* koji ima dve konotacije: „nešto što je javno objavljeno" i „sudska presuda". Isusovo učenje, u *Jevanđelju po Judi,* ima oba ova značenja: on otvoreno govori s Judom, ali njegove reči takođe su i presuda ostalim učenicima. Još jednom, ovo ima sličnosti sa *Jevanđeljem po Jovanu* koje Isusa predstavlja kao Božje otkrovenje svetu; neke spasava svojim učenjem, ali pokazuje da su drugi osuđeni:

„Jer Bog ne posla sina svojega na svijet da sudi svijetu, nego da se svijet spase kroza nj. Koji njega vjeruje ne sudi mu se, a koji ne vjeruje već je osuđen..." *(Jn* 3:17–18). U oba jevanđelja, Isus dolazi kako bi doneo spasenje, ali procenjuje učenike po tome da li razumeju ili ne razumeju ko je on i odakle dolazi.

Takođe je zanimljivo da je „objava" *(apophasis),* takođe i naslov jednog ranijeg teksta, koji Hipolit, crkveni otac iz trećeg veka *(Jeres* 6:11) pripisuje (ne)čuvenom jeretiku Simonu Magu, koji se pominje u *Delima* 8:9–24. *Jevanđelje po Judi,* bez sumnje, nije podmetnut tekst, ali sličnost u naslovu može da ukaže na pitanje da li je autor *Jevanđelja po Judi* želeo da svoje jevanđelje poveže sa drugim strujama hrišćanstva u drugom veku.

1:2 Neuobičajeno računanje vremena tokom kojih su se odvijali događaji opisani u *Jevanđelju po Judi,* izgleda da ukazuju da se konverzacija s Judom protezala na čitavu nedelju (osam dana) i okončala tri dana pre Pashe, kada je Isus ubijen.

1:3 *Jevanđelje po Judi* ne govori o Isusovom „rođenju" (kao što to govore priče iz Isusovog detinjstva kod *Mateja* i *Luke)* ili o njegovom „otelovljenju" (kao u uvodu *Jevanđelja po Jovanu),* nego, naprotiv, govore o njegovom „pojavljivanju" ili „otkrovenju". Terminolo-

KOMENTARI NA PREVOD

gija ukazuje na njegovo božansko poreklo, ali pitanje inkarnacije u telu ostavlja nerazjašnjenim.

Isusova čuda pokazuju i njegovo božansko poreklo i svrhu njegovog dolaska, i u isto vreme istinsku Božju prirodu suportstavljaju prirodi vladara sveta. *Jevanđelje po Judi* počinje iskazom da je Isusova namera bila da spase čovečanstvo, delimično čineći čuda koja su hrišćane podsećala na ono što su već znali – kako je isceljivao bolesne i napaćene, i brinuo za gladne, siromašne i đavolom posednute. Novozavetna jevanđelja, kao i mnoga druga, takođe govore o Isusovim čudima kako bi ukazali na njegovu božansku prirodu. *Jevanđelje po Jovanu* se, na primer, završava ovako: „A i mnoga druga čudesa učini Isus pred učenicima svojijem koja nijesu pisana u knjizi ovoj. A ovo se napisaše, da vjerujete da Isus jest Hristos sin Božij, i da vjerujući imate život u ime njegovo" *(Jn* 20:30–31). Sva novozavetna jevanđelja govore kako je Isus činio čuda; u *Jevanđelju po Judi,* kao i u *Svedočanstvu o Istini,* ova isceljenja ne samo da pokazuju Božje sažaljenje, nego isto tako pokazuju da bolest i smrt jesu zla koja nanose niži vladari koji upravljaju svetom – a ne Bog. Tako *Jevanđelje po Judi* pokazuje da kada Isus isceljuje one koji pate, on pokazuje da Bog želi spasenje čovečanstva – život i ispunjenost.

1:4–5 Ovde vidimo šta je motivisalo Boga da pošalje Isusa: nije svako bio pravednik. Jevreji i hrišćani zajednički opisuju spasenje, od odbacivanja „greha" do pravednosti, kao i *Jevanđelje po Judi*, ali isto tako ističe da nisu pravedni svi koji za sebe misle da su pravedni. Kroz čitavo jevanđelje, Isus uvodi teme koje su, poput ove, zajedničke jevrejskim i hrišćanskim pričama o kraju vremena: gnev, suđenje i slom moralnog i kosmičkog poretka.

1:6 Sva novozavetna jevanđelja govore da je Isus pozvao učenike na početku svoje misije, a na kraju tri teksta (*Mateja, Luke* i *Jovana*) on ih šalje da propovedaju jevanđelje. Ovde, međutim, učenicima nije naloženo da pođu i šire dobru vest; naprotiv, ovaj tekst ilustruje kako „neki idu stazom pravednika, dok drugi idu stazom greha". U stvari, Juda pripada „dvanaestorici"; tek kasnije će se „odvojiti" od njih po Isusovom nalogu, da bi ga potom drugi učenici i ubili. Sâm Juda biće zamenjen drugim učenikom kako bi „dvanaestorica" bila na okupu. Broj je simboličan, jer povezuje dvanaest učenika sa dvanaest vladara nižeg sveta. Ono što ovde zapanjuje jeste ono na šta *Jevanđelje po Judi* ukazuje: da su samo oni koji nisu razumeli ili su odbacili Isusovo učenje prepušteni sami sebi posle smrti. Jedina nada za ispravljanje ove situacije nalazi se u tajnom izveštaju o Isusovom učenju unutar samog *Jevanđelja po Judi*!

1:7 Ovde autor uvodi dve glavne teme iz Isusovog tajnog razgovora s Judom: o prirodi božanskog sveta i o kraju sveta.

1:8 Ova rečenica izgleda da prekida nit priče na taj način što se direktno obraća čitaocu („vam"), i možda je bila naknadno ubačena; jer iako je *Jevanđelje po Judi* izvorno bilo napisano (na grčkom) u drugom veku, jedini prepis koji postoji potiče iz četvrtog veka (u koptskom prevodu). S velikom izvesnošću možemo da pretpostavimo da su se prepisivači osećali slobodnim da izmene (to jest, „poboljšaju") tekst koji je vekovima širen – što je bila sasvim uobičajena praksa, čak i u pogledu *Novog zaveta*.[1] Međutim, zbog čega su smatrali da dodavanje ove rečenice predstavlja poboljšanje? Ona ukazuje da učenici nisu bili sposobni da opaze ko je bio Isus kada se pojavljivao „kao dete" – što je još jedan znak nedostatka njihovih duhovnih uvida.

Ideja da je Isus ponekad uzimao oblik deteta, savremenoj publici može da se učini neobičnom, ali ona se javlja u sijaset antičkih tekstova. Dva novozavetna jevanđelja, *Matejevo* i *Lukino*, govore o Isusovom rođenju, a *Luka*, takođe, donosi priču o tome kako Isus, svojom mudrošću, kao mlad čovek impresionira mudrace u Hramu *(Lk* 2:41–52). Ova slika o Isusu kao mudrom detetu, razrađena je do najsitnijeg detalja u legendarnom *Dečijem jevanđelju po Tomi,* u kojem Isus zbunjuje svog sirotog učitelja Zakeja i smrću kažnjava neku decu koja su ga uvredila. Iako ih, na kraju, Isus vraća u život, on se ruga odraslima jer ne razumeju njegove postupke, podsećajući ih na jedno obuhvatnije razumevanje: „Dakle, neka ti što su vaši rode ploda, i nek slepi vide u srcu. Došao sam odgore da ih opomenem i da ih pozovem stvarima koje su gore, kao što zapovedi Onaj koji me posla vašeg dobra radi" *(Dečije jevanđelje po Tomi* 8:1). Ova slika o Isusu koji se podsmeva veoma podseća na Isusa iz *Jevanđelja po Judi,* kada on izvrće ruglu nerazboritost svoji učenika i podseća ih na više duhovne uvide. U *Jevanđelju po Tomi,* sâm Isus je taj koji podučava o mudrosti kojoj se treba učiti od dece. Svojim učenicima on kaže da „čovek, vremešan u danima, neće oklevati da pita dete, sedam dana staro, o smislu života, i taj će čovek živeti" *(Toma* 4), ali smisao nije toliko u vezi sa Isusom kao detetom, koliko to što stvaranje (prastari univerzum Bog je stvorio za sedam dana, što ovde predstavlja dete od sedam dana) sobom nosi čitav smisao života. Isto tako, u *Jevanđelju po Mateju,* Isus svojim učenicima kaže da moraju da se „povrate i budu kao deca" kako bi ušli i carstvo nebesko *(Mt* 18:1–6; 19:13–15). U *Tajnom otkrovenju Jovanovom,* Hristos se, u sijaset blještavih oblika, javlja apostolu Jovanu, prvo kao mladić, a potom kao starac, kako bi Jovanu pokazao da ga nije napustio, ali da se, zbog onih koji umeju da opažaju, pojavljuje u mnogim oblicima *(ToJ* 3:4–13). U *Jevanđelju po Spasitelju,* Isus izričito govori svojim učenicima: „Ja sam sred vas kao malo dete" *(Spas* 107:57–60), a kasnija tradicija, takođe će prikazivati Duha koji usmerava Pavla dok je bio dete *(Apokalipsa Pavlova* 18:3–22). U svim ovim slučajevima, uključujući *Jevanđelje po Judi,* predstava o detetu ukazuje na skriveno ili neočekivano prisustvo božanskog.

Isusovo pojavljivanje kao deteta, takođe, pokazuje da fizičko telo ne predstavlja ograničenje za duh; naprotiv, ono pokazuje koliko je telo raspegljivo. Njegovo rođenje, odrastanje i smrt jesu samo pojavni oblici upoređeni sa neprolaznom stabilnošću duha.

2:1 Ovde korišćen izraz je *gymnaze,* što znači „vežbati" ili „trenirati", a povezan je sa savremenim izrazima „gimnazijum" ili „gimnastika". Ono ukazuje na preduzimanje nečega ili na određeno ponašanje radi napredovanja u nečemu. Ovde učenici napreduju u ⲙⲛⲧⲛⲟⲩⲧⲉ, doslovno „božanstvenosti" ili „poštovanju Boga". Drugačije rečeno, oni vrše izvesne radnje – ovde daju hvalu nad hlebom – kako bi odnegovali pobožan karakter i istinsku posvećenost. Ova ideja pripada antičkom verovanju da izvođenje izvesnih radnji pomaže negovanju odgovarajućih unutrašnjih stavova; tako, na primer, ako se neko ponaša darežljivo prema drugome, on u stvari počinje da oseća darežljivost, ili ako neko nosi veo, razviće umerene stavove.

2:2 Izraz, upotrebljen na ovom mestu je *eucharisti,* što doslovno znači „dati hvalu", ali, od drugog veka, kada je *Jevanđelje po Judi* napisano, postaje stručni izraz za hrišćanko obeležavanje pričešća, obeda pri kome hrišćani zajedno jedu hleb kao telo Isusovo u spomen na njegovu smrt.

2:3–9 Kad god se Isus smeje u *Jevanđelju po Judi,* on želi da ispravi greške u nečijem razmišljanju. U ovom slučaju, Isusov smeh je vrsta ismejavanja i ruganja učenicima kako bi im uzdrmao samozadovoljstvo i lažni ponos. Njihov najveći problem jeste to što ne shvataju da imaju problem; oni pogrešno smatraju da su, svojim molitvama i pobožnim obredima, već postali pravedni. Isus pokušava da im ukaže da, zapravo, ne poštuju pravog Boga. Isprva oni su zapanjeni, ne shvatajući, i (pogrešno) insistiraju da je Isus sin „našeg" Boga. Sama činjenica da obeležavaju pričešće pokazuje da greše u sopstvenom shvatanju da Bog zahteva Isusovu smrt i žrtvu. Autor *Jevanđelja po Judi* prenosi situaciju iz sopstvenog vremena u priču iz jevanđelja, budući da hrišćani nisu obeležavali pričešće kao žrtveni obed pre Isusove smrti. Ali, autor ovde ukazuje da se sâm Isus suprotstavljao ovom (docnijem) običaju, zato što, po autorovom shvatanju, iskrivljuje pravo značenje njegove smrti.

2:10 Koptski ima dve reči za „znati" ili „znanje". Jedna od njih ukazuje na kognitivno shvatanje (ⲉⲓⲙⲉ); druga reč ukazuje na lično shvatanje ili lično iskustvo (ⲥⲟⲟⲩⲛ). Isus ovde koristi drugi izraz, što bi, takođe, moglo da se prevede kao „Prepoznajete li me?" Smisao je da učenici umišljaju da razumeju ko je Isus, ali, u stvari, oni ga uošte ne poznaju – i sve dok ne priznaju sopstvenu neukost, nikada neće shvatiti ko je on.

2:11 Kada Isus objavljuje da niko od njegovih učenika („niko od roda vašega nikada me neće znati") nikada neće znati ko je on, on govori da ljudi koji sebe smatraju „decom" lažnog „Boga" nikada neće moći da opaze ko je Isus – da je on sin istinskog Boga.

Izraz koji autor ovde koristi jeste *genos*, što bi moglo da se preveda kao „vrsta", „narod" ili „rod". Nasuprot mišljenju da su uklonili barijere između naroda, klasa i polova (kao u *Galatima* 3:28: „Nema tu Jevrejina ni Grka, nema roba ni gospodara, nema muškoga roda ni ženskoga; jer ste vi svi jedno u Hristu Isusu"), hrišćani nastavljaju da koriste jezik etničkog i rasnog identiteta kako bi ih shvatali kao narod, često sebe označavajući „trećom rasom".[2] Ovaj jezik o „rasama" često se javlja u *Jevanđelju po Judi*. Iako autor često koristi množinu „ljudske rase", u suštini postoje samo dve rase: rasa smrtnih (onih koji bogoštuju lažne bogove nižeg sveta i preodređeni su da nestanu na kraju vremena), i rasa besmrtnih (onih koji shvataju sopstvenu duhovnu prirodu i okreću se pravom Bogu).

Slična ideja iznosi se u još jednoj knjizi iz Nag Hamadija, *Mudrost Isusa Hrista*, u kojoj Isus podučava da „(s)ve što potiče od prolaznog, i sâmo će proći, jer je poteklo od prolaznog. Ali, sve što potiče od neprolaznog, ne prolazi, nego postaje neprolazno. Tako, mnogi odlaze na stranputicu, jer nisu shvatili ovu razliku i zbog toga su umrli" (111.98:1–9). Smrt, ispada, nije neizbežna, nego je proizvod shvatanja razlike između smrtnog sveta u kome ljudi sada žive i večnog sveta odgore. Budući da je čovečanstvo stvoreno po slici božanskog Adama odgore – u tom smislu, ljudi potiču od neprolaznog – sposobni su da postanu neprolazni.

2:12 Umesto da prihvate Isusovo učenje i pokaju se, tražeći dalja uputstva, ili da promene navike, učenici postaju gnevni i prepuštaju se bogohuljenju. Njihova reakcija može da ukaže na način na koji su neki hrišćani odgovarali u slučajevima kada je autor *Jevanđelja po Judi* suočavao svoju sabraću hrišćane sa onim što je smatrao pogrešnim razumevanjem Isusove smrti.

2:13–15 Isus, budući božanski, svakako zna o čemu učenici razmišljaju. Autor koristi izraz ⲙⲛⲧⲁⲧϩⲏⲧ, što znači „stanje bez srca/uma"; drugim rečima, učenici su prikazani kao bezumni i tupavi, bez zdravog razuma i svesti. Isus im kaže da gnev koji ih obuzima potiče od „Boga u vama" – ne od pravog Boga, nego od nižeg Boga kojeg obožavaju. Ovaj pasus je veoma značajan, jer ukazuje na jednu od suštinskih autorovih pretpostavki: da ljudi postaju kao Bog kojeg poštuju. Ako ljudi poštuju pravog Boga, oni jačaju božanski Duh u sebi, pa se njihove duše oblikuju za večni život, ali ako poštuju bogove nižeg materijalnog sveta, postaju nalik njima – gnevni, licemerni, neuki i nasilni.

Prepirka između Isusa i njegovih učenika oko obreda pričešća snažno podseća na *Jovana* 6:35–64, gde Isus sa svojim učenicima razmatra odakle je došao i šta znači kada se kaže da je Isusovo telo istinski hleb života. Tamo Isus podučava da „ako ne jedete tijela sina čovječijega i ne pijete krvi njegove, nećete imati života u sebi. Koji jede moje tijelo i pije moju krv ima život vječni, i ja ću ga vaskrsnuti u pošljednji dan: Jer je tijelo moje pravo jelo i krv moja pravo piće" *(Jn* 6:53–55). Njegovi sledbenici gunđaju, ali on ih prekoreva: „Zar vas ovo sablažnjava? A kad vidite sina čovječijega da odlazi gore gdje je prije bio? Duh je ono što oživljava; tijelo ne pomaže ništa. Riječi koje vam ja rekoh duh su i život su" *(Jn* 6:61–36). Autor *Jevanđelja po Jovanu* piše da su mnogi Isusovi sledbenici bili uvređeni i napustili ga zbog ovako teške izjave, ali su „dvanaestorica" ostali verni – u isto vreme, Juda se prvi put pominje kao izdajnik.

Jevanđelje po Judi preokreće prizor, bar delimično, jer oni učenici koji su istinski shvatali, poput Jude, jesu oni koji odbacuju ideju da Isusovo telo donosi spasenje. Za autora *Jevanđelja po Judi*, to su oni koji ispravno shvataju Isusovo učenje iz *Jevanđelja po Jovanu* da „tijelo ne pomaže ništa". Isus će biti raspet, ali to je njegovo uznošenje na nebo – i uznošenje onih koje nosi sa sobom – to je pravo značenje spasenja. Imamo li ovde, dakle, prikaz ove poslednje situacije – da su neki Isusovi sledbenici odbacili prisilan kanibalizam žrtvenog obeda i da je Juda, izdajnik, bio jedan od njih? Ili je to, možda, autor *Jevanđelja po Judi,* čitajući *Jevanđelje po Jovanu*, samo poistovetio Judu sa hrišćanima iz svog doba koji su odbacivali Isusovu smrt kao žrtvu? Možemo samo da spekulišemo, ali u svakom slučaju, ovaj pasus iz *Jevanđelja po Jovanu* može nam koristiti da bolje razumemo zašto su neki hrišćani smatrali da je Juda bio jedini učenik koji je razumeo Isusovo učenje.

2:16–17 Treba, na ovom mestu, uočiti da Isus učenike naziva „vi ljudi", a potom zahteva od njih da ukažu na „savršenog čoveka". Igra reči sastoji se u tome što oni ne znaju šta zaista znači biti čovek. Oni ne razumeju, kao što će Juda shvatiti, da njihova prava priroda nije smrtno telo; naprotiv, niži bogovi stvorili su čitavo čovečanstvo po slici „savršenog čoveka" – nebeskog Adama – ako je suditi po autorovom tumačenju *Postanja* 1:26–27.

2:18–21 Ovde učenici ponovo pokazuju sopstvenu aroganciju i neukost, jer kada im Isus kaže da stanu ispred njega, oni su isprva puni samopouzdanja, tvrdeći: „Mi smo jaki!" ali, potom, nemaju snage da se suoče s njim. Samo Juda uspeva da nađe hrabrosti.

Ironija je u tome što čak i učenici pokušavaju da se uvežbaju u pobožnosti, u stvari oni se lako razgneve, brzo se prepuštaju bogohuljenju i kukavičluku. Prikazujući ih ovakvima, autor *Jevanđelja po Judi* namerno priziva široko raširena verovanja da je duhovni karakter čoveka iskazan mentalnom i emocionalnom stabilnošću („jak da ustane") ili njihovim nedostatkom. Majkl A. Vilijams[3] sveobuhvatno je proučavao ovu temu i došao do dva zaključka koja su ovde važna. Prvo, grčki filosofi, sledbenici Platona, razlikovali su savršeno stabilno, nepokretno i nepromenljivo božansko carstvo od promenljivog i nestalnog sveta materijalnih stvari. Isto tako, Isus pokušava da poduči Judu da postoji izvestan postojan svet izvan ovog. Drugo, ponašanje ljudi je oblikovano, bilo da slede obrazac više božanske stabilnosti ili uzburkanost nižeg sveta materijalnosti. Vilijams ukazuje na dobar primer jevrejskog filosofa iz prvog veka, Filona iz Aleksandrije, koji tvrdi da se „priroda nerazumnih osoba stalno pomera nasuprot njihovog razuma, da bi postala neprijatelj tišini i miru, i nikada ne stoji postojana. Duša bezvrednih ljudi 'neprestano se trese' budući da nema čvrstog oslonca... Nasuprot njima, mudar čovek umirio je nadimanje i lelujanje duše... Njegovi postupci nisu... lakomisleni." Najbolji primer je Avram, koji čvrsto izlazi pred Boga. U *Jevanđelju po Judi,* kada učenici ne mogu da stupe pred Isusa, jasno je da im nedostaje duhovni mir koji dolazi iz stabilnosti karaktera i bliskosti s Bogom. Juda je prikazan kao nadmoćan u odnosu na njih, budući da može da stupi pred Isusa, premda i on mora da skrene pogled, pokazujući da još nije dostigao najviše duhovno stanje. On će ga dostići na kraju, kada ga Isus upućuje da „pogleda nagore". Kako se povinuje,

Juda se uzdiže u postojano duhovno carstvo – svetlosni oblak na nebu.

2:22–24 Ovde nailazimo na prvu naznaku zbog čega Isus ističe Judu naspram drugih učenika. Jedino on, zaista, razume ko je Isus: „Znam ko si i odakle si došao". U novozavetnim jevanđeljima, učenici se, takođe, upinju da shvate – i često ne uspevaju – Isusov pravi identitet. Na primer, u *Jevanđelju po Marku*[4] samo Petar shvata da je Isus – Hristos; ali, čak i on odbacuje Isusovo raspeće, dok mu se Isus okreće, nazivajući ga Satanom i optužuje: „Ti ne misliš što je Božije nego što je ljudsko" *(Mk 8:27–33)*.[5] Isusovi učenici u *Jevanđelju po Jovanu* takođe ne uspevaju da prepoznaju Isusa; iako tvrde da su razumeli, na kraju ga svi napuštaju – a Petar ga se, u stvari, odriče tri puta *(Jn 14:1–11; 16:28–32; 18:15–27)*.[6] Poput učenika u *Jevanđelju po Jovanu,* koji su se razbežali čim je Isus uhapšen, i učenici u *Jevanđelju po Judi* su preplašeni: što dokazuje da oni zaista ne veruju, jer zapravo ne shvataju ko je Isus i odakle dolazi.

Izraz preveden kao „carstvo" ovde je *aeon*, što znači „period", „doba", „životno doba". U priloškom obliku, *aionios,* znači „večnost". Izraz se, u *Jevanđelju po Judi,* često javlja kako bi ukazao na besmrtno, večno carstvo na nebu, i smrtno, ograničeno carstvo na zemlji. Tako on sobom nosi vrlo strogu prostornu i privremenu, konotaciju. U drugim hrišćanskim tekstovima, izraz ponekad predstavlja personifikaciju, tako da ukazuje na neku vrstu večnih bića – poput anđela ili arhanđela – ali, ovde je glavni smisao carstvo koje postoji u određenom vremenu (ograničenom ili večnom).

Ime Barbelo nepoznato je većini čitalaca, i zapravo, ono se pojavljuje samo jednom u *Jevanđelju po Judi*, ali ova figura poznata je iz drugih antičkih tekstova otkrivenih u Egiptu tokom proteklih sto godina. Mnogi od njih pripadaju vrsti hrišćanstva koju naučnici nazivaju setijanskim (ili setijanskim gnosticizmom), zbog toga što ovi radovi iznose tvrdnju da duhovna loza čovečanstva potiče od Adamovog trećeg sina, Seta (ili Evine kćerke, Noreje). U ovim radovima, Barbelo se pojavljuje kao božanska Majka, druga figura Božanske trijade: Otac (Nevidljivi Duh), Majka (Barbelo), Sin (Autogen, Samorodni, Hristos). U mnogim ovakvim radovima, „carstvo Barbelo" obuhvata čitavu božansku sferu, i stoga je vrsta skraćenice koja upućuje na božansko carstvo.[7]

2:25–32 Kada Isus sasluša Judu, on prepoznaje njegove duhovne uvide i sposobnost da nastavi da uči i tako se osposobi da pođe gore, odakle je Isus došao. Isus mu obećava da će ga podučiti o „misterijama carstva", koje se, kako kasnije saznajemo, odnose na poreklo i prirodu univerzuma.

On, takođe, ukazuje da se Juda odvojio od drugih, što je verovatno postupak koji je autor *Jevanđelja po Judi* ohrabrivao, i uz to, snažan pokazatelj da se ova grupa nalazi u defanzivi i da se odvaja od drugih hrišćana koji su imali različite stavove o žrtvovanju i mučeništvu. Ovde Isus, prvi put, saopštava Judi da će strašno stradati u rukama drugih učenika, što je, još jednom, pokazatelj zategnutosti odnosa između hrišćana u autorovo vreme. Autor, bez sumnje, pretpostavlja da je Juda najpre bio jedan od „dvanaestorice", ali da je kasnije zamenjen, kada ga je Isus izdvojio radi naročitog učenja i posebnog zadatka – da ga preda. Novozavetna *Dela apostolska* 1:15–26 takođe donose priču po kojoj je Juda zamenjen drugim učenikom, Matijom.

Ali, zbog čega uopšte Juda treba da bude zamenjen? Autor kaže zbog toga da bi „dvanaestorica" mogla da „budu na broju sa svojim 'Bogom'". Ovde prvi put uočavamo isticanje značenja brojeva, što je još očiglednije kasnije kada Isus govori Judi o nastanku sveta. Kao što će kasnije postati jasno, značaj broja dvanaest leži u tome što je pravi Bog postavio dvanaest anđela da vladaju nižim svetom; dvanaest učenika tako, na zemlji, predstavljaju broj „njihovog 'Boga'" na nebu.

Nešto slično prepoznajemo u jednom od drugih tekstova pripojenih Čakos kodeksu, *Prvoj apokalipsi Jakovljevoj*, takođe poznatom iz prepisa nađenog 1945. godine pored Nag Hamadija. U verziji iz Nag Hamadija, ponovo vidimo jednog učenika kako se izdiže iznad ostalih; ovde je to Jakov. Isus ga šalje da „prekori Dvanaestoricu", jer su se zaglibili u lažna zadovoljstva, pogrešno misleći da su pronašli „put znanja" *(1-ApJak* NH 42:20–24), isto kao što, u *Jevanđelju po Judi*, vidimo Isusa da osuđuje „dvanaestoricu" za lažnu pobožnost. Ipak, ovaj tekst uzdiže grupu drugih učenika na njihova mesta: Isus pohvaljuje sedam žena učenika i opominje Jakova da se „ubedi [svedočanstvom] Salome i Marijamne [i Marte i Arsinoje]."[8] Verzija iz Čakos kodeksa donosi malo drugačije tumačenje (neki poseban prekor upućen „dvanaestorici" verovatno se nalazio u delu teksta koji je izgubljen, 29:12–19), ali je pohvala ženama prilično pronicljiva. Ova verzija ženske učenike naziva „sedam duhova", a onda ih imenuje: mudrost, uviđanje, savet, snaga, razumevanje, znanje i strah (od Boga) (26:4–10). Šest žena pominju se po imenu kao modeli spasenja: Saloma, Marija, Arsinoja, Safira, Suzana i Jovana.[9]

3:1–3 Kada je Isus napustio učenike, uzneo se do „drugog velikog i svetog roda". Čitaoci, na ovom mestu, shvataju da je Isus bez sumnje zatočen u „zatvoru od sopstvenog tela" i da mora da se izbavi, kao što su, prema tvrdnjama nekih crkvenih otaca iz drugog veka, verovali jeretici. Naprotiv, on se s lakoćom premešta s jednog sveta na drugi.

Učenici su zatečeni, shvativši da postoji rod koji živi u carstvima izvan ovog sveta. Njihova neukost i neverica ponovo prisiljava Isusa da im se podsmeva – ukazujući čitaocu da važno učenje tek sledi. Ovde Isus jasno razdvaja smrtnu decu nižeg sveta i lozu koja potiče iz nebeskog cartsva. Nebeski rod je snažan i svet, i ne potpada pod vlast anđela ili zvezda koje upravljaju nižim svetom – što će Isus ponovo istaći (videti, takođe 9:17–19). Nasuprot tome, ljudi koji obožavaju niže anđele potčinjeni su njima, slično jednom Pavlovom učenju u *Poslanici Galatima* 4:8–11: „Ali tada ne znajući Boga, služiste onima koji po sebi nijesu bogovi. A sad poznavši Boga, i još poznati bivši od Boga, kako se vraćate opet na slabe i rđave stihije, kojima opet iznova hoćete da služite? Gledate na dane i mjesece, i vremena i godine. Bojim se za vas da se ne budem uzalud trudio oko vas". Ovde Pavle prekoreva hrišćane u crkvama Galatije zbog poštovanja obrednog kalendara, u smislu pokoravanja elementarnim duhovima, povezanim s nebeskim telima koja određuju kalendar. Na sličan način, *Otkrovenje* prikazuje čiste vernike kako u potpunosti žive u Novom Jerusalimu, gde „neće potrebovati vidjela od žiška, ni vidjela sunčanoga, jer će ih obasjavati Gospod Bog, i carovaće va vijek vijeka" *(Otk* 22:5).

Još jednom, reakcija dvanaest učenika pokazuje njihovo nerazumevanje, jer ih Isusovo učenje uznemirava i, čak, ne umeju da od Isusa zatraže da im objasni svoje reči.

4:1–7 *Jevanđelje po Judi* donosi izveštaje o dva sna, najpre o snu dvanaestorice, a potom i o Judinom snu. Obe strane se obraćaju Isusu za pomoć u razumevanju značenja onoga što su videli, i u oba slučaja Isus koristi njihove snove da ukaže na greške u verovanjima i obredima svojih učenika. Međutim, san „dvanaestorice", stoji u suprotnosti sa Judinim snom, jer „dvanaestorica" vide samo nasilje i nemoralnu stranu života na ovom svetu, Juda delimično shvata viziju o nebeskom carstvu.

U snu, dvanaest učenika vide „veliku kuću". Ovo je hram (kuća Božja) ispred kojeg se prinose žrtve, najverovatnije ga treba razumeti kao jevrejski Hram u Jerusalimu. Dvanaest sveštenika stoje u oltaru, prihvatajući prinošenja od naroda. Takođe im se ukazuje „ime".

Učenici, u snu, vide sebe među narodom, kako se posvećuju oltaru.

4:8–21 Isus usmerava pažnju učenika bliže sveštenicima (ili „narodu"? – praznina u lakuni mogla bi takođe da se čita kao „sveštenici", ali značenje nije jasno, budući da je posao sveštenika da se bave prinošenjem, premda je moguće da je autor želeo da pomislimo da je narod usvajao nečasno ponašanje svojih vođa). Potom mu učenici podrobnije govore o onome što rade. Upravo to je zapanjujuće: oni prinose na žrtvu sopstvene žene i decu, prepuštaju se nedozvoljenom seksu, klanju, „čineći silne grehe i nepravdu". A oltar je i dalje prenatrpan! Čitaoci, takođe, shvataju da „ime" koje sveštenici prizivaju pripada Isusu.

Učenici su ponovo uznemireni i zanemeli. Isus osuđuje sveštenike, jer se sramotno služe njegovim imenom kako bi posadili „drveće bez ploda" – što je optužba veoma slična onoj koju su hrišćani upućivali jedni drugima. U novozavetnoj *Drugoj poslanici Petrovoj*, na primer, autor optužuje druge hrišćane kao „lažnije proroke" i „lažnije učitelje", koji „prelašćuju na nečistote tjelesnijeh želja" i namamljuju druge da žive „u tjelesnijem željama nečistote"; oni su „robovi pogibli", „nerazumne životinje", „bezvodni izvori" i tako dalje. Autor uverava svoje čitaoce da će svi oni biti osuđeni i kažnjeni *(2 Pet* 2:1–22). Optužbe za ubistva i istopolne odnose, takođe, pripadaju opštoj temi antičke misli da bezbožnost vodi ka nasilju i seksualnom beščašću (videti, npr, *Rim* 1:18–32).[10] *Apokalipsa Petrova*, isto tako, one hrišćane koji Isusa hvale zbog njegove smrti na krstu, naziva „slepim i gluvim" (73:13–14) – pokazujući još jednom da se optužbe zbog zabluda i beščašća upućuju na sve strane.

5:1–19 Sada im Isus daje potpuno tumačenje sna, izjednačavajući „dvanaestoricu" sa sveštenicima u oltaru i prinesene žrtve sa narodom koji oni vode na stranputicu. Svi nemoralni postupci i nasilje kojima su oni svedoci u snu, ishode iz obožavanja nižeg „Boga", koji se koristi Isusovim imenom da se lažno nametne kao istinski Bog. Taj niži „Bog" je onaj koji zahteva prinošenje žrtvi, ali je, u stvari, samo „poslanik zablude" (5:15). Isus poziva svoje učenike da prestanu sa ovakvim ponašanjem, da okončaju prinošenje sebe i drugih ovom lažnom „Bogu", koji je obećao da će, vaskrsenjem, svi postati „poput anđela" – čak i *Jevanđelje po Luki* kaže da je Isus podučavao da „koji se udostoje dobiti onaj svijet i vaskrsenije iz mrtvih... više ne mogu umrijeti; jer su kao anđeli (doslovno „jednaki anđelima"); i sinovi su Božiji" *(Lk* 20:35–36). Ovde Isus kaže da ako ljudi ne prekinu sa ovakvim ponašanjem, pravi Gospod univerzuma će ih, na kraju vremena, sve osramotiti. Pominjanje „kraja svih dana" predstavlja još jedan slučaj gde se autor nadahnjuje apokaliptičkom imaginacijom i verom u konačnu Božju osudu nepravednih. To će se dogoditi kada zvezde donesu kraj svemu – što je upućivanje na Isusovo učenje o nebeskom svodu, što će kasnije postati mnogo jasnije.

U 5:7 Isus kaže da će pobožni prionuti uz nešto? Ali, šta? Gramatički, navod je dvosmislen. Može da znači da će takozvani pobožni prionuti uz vladara haosa, a može da znači i da će se držati Isusovog imena.

6–7 Ove stranice su teško oštećene, tako da možemo samo da spekulišemo o njihovom sadržaju. Ono što je jasno jeste Isusovo insistiranje na tome da svako ima svoju zvezdu – što ponovo upućuje na učenje o nebeskim telima, što će Isus razjasniti u otkrovenju Judi.

Završetak poglavlja 7 izgleda da obuhvata tumačenje rajskog vrta opisanog u *Postanju*. Ono ukazuje na izvore koji ga pune vodom i na drvo. Neko (Hristos) obezbeđuje „vodu" (znanje?) „rodu koji će potrajati" (deci Setovoj?) kako se ne bi uprljali. Ovo može da bude proširenje onoga na šta Isus misli kad kasnije govori Judi da je Bog dao znanje Adamu i onima uz njega kako bi se izbavili iz vlasti vladara nižeg sveta (videti *Juda* 13:16–17).

8:1–8 Juda pita Isusa o njegovom tumačenju „voća" – verovatno voća sa drveta znanja ili drveta života, iz priče o rajskom drveću iz *Postanja*, o čemu je Isus raspravljao u poglavlju 7. Kao odgovor na ovo pitanje, Isus ponovo govori o dva roda. Sve duše ljudi koji pripadaju rodu smrtnih umreće kada im i tela umru, a Duh božanski ih napusti. Međutim, oni koji pripadaju rodu besmrtnih imaće drugačiju sudbinu: kada im tela skončaju, Duh će im uzdignuti duše u večni život. Juda izgleda da ne može da shvati o čemu Isus govori, jer ponovo pita šta se dešava sa onima koji se, kad umru, ne uzdignu. Iako se Isusov odgovor nalazi u delu rukopisa koji je strašno oštećen, izgleda da on Judi odgovara da i oni, takođe, mogu da se uzdignu. Isus najpre ukazuje na parabolu o sejaču (na primer, *Mt* 13:1–23; *Mk* 4:1–20; *Lk* 8:4–15; *Toma* 9), napominjući da su oni koji su obesvećeni mudrošću ovog sveta (videti, takođe, *Juda* 10:4), poput semena koje padne na kamenje: Ništa s njega ne može da se požanje. Ali, potom govori o „ruci" koja je stvorila ljudski rod, kako bi se ono uzdiglo do carstva nebeskog.

Izgleda da sudbina čovekove duše zavisi od toga da li se okreće ka unutra kako bi otkrio Duha u sebi, ili živi prema pravilima sveta („iskvarena mudrost"), što je, za drugi vek, uobičajena predstava. Platon je prethodno

KOMENTARI NA PREVOD

razmatrao nešto slično u *Fajdonu*, kada Sokrat, pre nego što će morati da ispije otrov, sa prijateljima razmatra sudbinu duše. On iznosi stav da kada je duša okovana telom, patnje i zadovoljstva su poput eksera koji dušu prikivaju za telo i čine je „opipljivom". Rezultat je da duša tada „umišlja da su istinite one stvari za koje telo kaže da su istinite. Jer, budući da ima ista verovanja i odaje se istim uživanjima kao telo, prisiljena je da usvaja iste navike i načine življenja, i nikada ne može da čista ode na drugi svet, nego uvek mora da odlazi zagađena telom... Stoga, nema ničeg zajedničkog sa božanskim i čistim i apsolutnim." Nasuprot tome, oni koji neguju duševni život ispunjen čednošću, ne strahuju kada telo skonča, znajući da će smrt samo osloboditi dušu za besmrtni život sa božanskim. Oni s proročkim duhom, tvrdi Sokrat, radosno odlaze u smrt, zbog toga što „odlaze bogu čije su sluge".[11] U *Jevanđelju po Judi*, takođe, ovakva sudbina pripada učeniku sa proročkim duhom sposobnim da primi božansko otkrovenje – Judi. Možemo da pretpostavimo da su svi koji su prihvatali učenje iz *Jevanđelja po Judi*, isto tako, smatrali da su i sami bili na duhovnom putu ka Bogu.

9:1–5 Juda, tako, ima izvanrednu viziju i moli Isusa da ga sasluša kao što je saslušao „dvanaestoricu". Isus uzvraća na njegov zahtev smejući se, ponovo nas navodeći da se upitamo šta to nije u redu sa Judinim zahtevom. Juda je „sve izmislio" – pokazujući neku vrstu nestabilnosti karaktera, koji čitaoci treba da povezuju sa „dvanaestoricom" – ali Isus mu nudi da ga „podrži". Metafora ukazuje da Isusovo učenje podupire Judu, pomažući mu da se čvrsto drži i stekne stabilnost neophodnu za duhovni razvoj.

Isus ovde Judu naziva „trinaestim bogom". Reč prevedena kao „bog" ovde je *diamon,* što su hrišćani kasnije usvojili kao negativno određenje („demon"). Međutim, u grčkoj filosofiji, izraz *daimon* korišćen je za označavanje bogova nižeg ranga, ili ponekad nečije sudbine ili sreće. Zaista, Platon je smatrao da svako ima svog *daimona:*

> O vladajućem delu naše duše treba, međutim, razmišljati ovako: bog ga je kako kakvog demona svakome podario; to je upravo onaj deo duše koji, kažemo, boravi na samom vrhu tela i koji nas zbog srodnosti sa nebom diže sa zemlje, budući da najispravnije govoreći, nismo zemaljsko već nebesko bilje.[12]

Posvećujući život negovanju *daimona,* čovek može da ostvari sličnost sa Bogom i stekne besmrtnost, što je najveća čovekova sreća *(eudaimonia* – doslovno, stanje dobrog *daimona)*. Ako, s druge strane, čovek neguje niže delove duše, posvećene smrtnim stvarima poput bogatstva i nagona, onda takav postaje istinski smrtan.

Broj trinaest je takođe značajan. On ukazuje da je Juda iznad ili izvan „dvanaestorice". Pored toga, kao što smo prethodno uočili *(Juda* 2:29), broj dvanaest pripada vladarima nižeg sveta, kojima se dvanaest učenika klanjaju. Stoga broj trinaest, takođe, govori da je Juda nadmašio dvanaest vladara sveta, nagoveštavajući da više nije pod vlašću dvanaest vladara nižeg sveta.

9:6–14 Kada saopštava Isusu o svom snu, čitalac shvata zbog čega je Juda uznemiren: On sebe vidi kao onog kojeg su dvanaestorica kamenovali i proganjali. Kao i drugi hrišćani iz autorovog doba koji su se suočili sa izvesnošću stradanja i mučeništva, i Juda je uplašen.

Ali, njegova vizija se ne završava ovde. On se uzdiže do nebeskog carstva, verovatno idući „za [Isusom]". Tamo Juda vidi veliku kuću. Nasuprot snu „dvanaestorice", ono što vidi nije ovozemaljska građevina, nego nebeski hram pravog Boga.[13] Tamo sveštenici ne prinose žrtve; naprotiv, hram je prikazan kao mesto zelenila okruženo mudrim starešinama (ϨⲚⲚⲞⲬ ⲚⲢⲰⲘⲈ, doslovno „neki ugledni, veliki ili stariji ljudi"). Ovakav jezik korišćen je kao titula za izvesne starije osobe, posebno one od ugleda (kao što hrišćani upotrebljavaju „presbiter"). Takođe ima sličnosti sa biblijskom figurom Boga kao „starca" u *Danilu* 7:9, 13, 22; a slika Božja caruje i objavljuje svoju slavu „pred starješinama" *(Isa* 24:23). Ovde se oni pojavljuju kao istaknuti pripadnici božanskog dvora koji stoje pred nebeskim hramom Boga. Ovaj hram, takođe, ispunjen je narodom (verovatno velikim i svetim rodom) a Juda traži od Isusa da im se pridruži.

Ne samo da kontrast, nego i *sličnost* između ova dva sna (dva hrama, dve grupe koje predvode, i dva naroda koji bogosluže u svakom ponaosob) uopšte nije slučajna, jer ona ukazuje da je sve što na ovom svetu postoji tek loša i varljiva imitacija istinske zbilje u božanskom carstvu na nebu, kako će to Isus otkriti Judi, počev od poglavlja 10.

9:15-21 Sada shvatamo šta je to Juda pogrešno razumeo: Očigledno, smatrao je da oni koji pripadaju smrtnom ljudskom rodu mogu da stupe u nebeski hram. Međutim, Isus ispravlja ovu zabludu, ukazujući da je on rezervisan za one svete. Tako će svi koji su se izbavili iz vlasti nebeskih tela – Sunca, Meseca i dana – večno živeti sa svetim anđelima. Juda je očigledno mislio da će posle stradalničke smrti njegovo telo vaskrsnuti. Takvo je „učenje" o lutajućim nebeskim telima – zvezdama (planetama) nižeg sveta. Ali, Isusovo učenje omogućuje mu da shvati da smrt nije nešto čega treba da se plaši.

9:22–25 Najzad Juda počinje da shvata Isusovu dublju poruku. Zapanjen je shvativši da je „(njegovo) seme" – to jest, svi koji pripadaju svetom besmrtnom rodu – nadmoćno u odnosu na niže anđele koji upravljaju svetom. Budući da Juda i oni poput njega poseduju večni božanski duh, dok anđeoski vladari traju samo određeno vreme, očigledno je da je poredak stvari obrnut: niži anđeli se, u stvari, pokoravaju rodu besmrtnih. Ovakvo gledište podseća na *Poslanicu Jevrejima* 1–2, gde se naglašava da je Hristos nadmoćniji od anđela, da navedemo „revidiranu" hrišćansku verziju *Psalma* 8 (koji objavljuje da je „čovek" stvoren „malo manjim od Boga").

Međutim, Judino shvatanje je uravnoteženo jednim drugim predviđanjem da će „gorko jecati" nad svojom ulogom u ovom svetu, jer njegovo razumevanje istine o carstvu ovog sveta i smrtnom ljudskom rodu nagoni ga da jeca nad njihovom sudbinom.

9:26–30 Sada Juda počinje da se pita čemu je sve ovo vredno, ali Isus ga teši. Iako je tačno da će biti odbačen („postaćeš trinaesti") i proklet, na kraju će ih nadvladati i uzneti se ka svetom rodu.

Tekst iz stava 30 je težak, jer izgleda da je prepisivač napravio grešku, izostavljajući jednu ili više reči (što je naznačeno uglastim zagradama). Preostali deo teksta ukazuje da učenici nameravaju da nešto učine Judi (možda da ga kamenuju? – sugestija potekla iz razgovora sa Stefanom Emelom), posle čega se on uznosi do svetog roda.

10–14 Ovaj dugačak deo sastoji se od Isusovog otkrovenja Judi o poreklu i oblikovanju univerzuma. Ovo je najistaknutija tema u čitavom jevanđelju – zauzima više od 40 procenata teksta i dominira čitavim Isusovim učenjem. Od samog početka, kada se kaže da je Isus došao radi spasenja ljudskog roda, obavešteni smo da on to spasenje donosi podučavajući ljude o „misterijama koje su izvan ovog sveta i o stvarima koje će se zbiti na kraju".

Ipak, savremeni čitaoci mogu da se upitaju: Na koji način ovakvo učenje može nekome da pomogne? Mnogi ljudi sa kojima sam razgovarala veći deo ovoga smatraju bizarnim, ako ne i potpuno neshvatljivim. Nosi li ono ikakvu vrednu poruku? Nepoznata imena i eoni, čudna i složena upotreba brojeva, i mnogo izgubljenih delova antičkog rukopisa – sve to ovaj tekst čini teškim, ako ne i nemogućim za razumevanje skrivene poruke. Ipak, razumevanje ovog materijala je od ključne važnosti, zbog toga što sadrži odgovore na sva važna pitanja iz *Jevanđelja po Judi:* prirodi Boga, šta znači biti čovek, zbog čega ljudi pate i umiru, zašto je Isus bio raspet, zbog čega ga je Juda predao, i još puno toga.

Pored toga, ovakva vrsta razmišljanja nije tako teška za razumevanje, kao što se na prvi pogled, možda, čini. Premda, savremenim čitaocima, antička kosmologija može da izgleda zagonetna, ipak nam je bliska osnovna ideja: Ono što znamo o univerzumu direktno je povezano sa onim što znamo o prirodi čoveka. Ovakav način razmišljanja i danas možemo videti, na primer, u raspravama o evoluciji i razumnom postanju (ili kreacionizmu).

I ovde, ljudi, takođe, na različite načine pokušavaju da rasvetle neka od središnjih pitanja s kojima se, u različitom dobu, suočavaju: Kakva je priroda stvarnosti? Kako su nastali svet i čovečanstvo? Kakva je uloga čoveka u vasioni? Ima li vasiona moralni poredak ili je sve prepušteno slučaju? Kakva je istinitost *Biblije* i otkrovenja – ili, u tom smislu, određene verske tvrdnje?

Ovakva rasprava ilustruje koliko sporovi oko prirode vasione često obuhvataju osnovna verska i filosofska pitanja o tome kako shvatiti prirodu čoveka, kako ljudi treba da žive, i kako treba da se odnose prema božanskom, ako uopšte treba. Ne odričemo se ni jednog stava iz ove rasprave – čak ni stava onih naučnika koji brane evoluciju i genetiku, niti stava ljudi koji ne žele da se odreknu *Biblije* kao moralnog i duhovnog sidra. Ipak, mnogo ljudi i dalje se pita o čemu se vodi rasprava. Oni pitaju zbog čega neki ljudi od vere prigovaraju teoriji evolucije i genetici, ako razumnom postanju nedostaju naučni dokazi za njihovo pobijanje. Pored toga, mnogi naučnici i teolozi slažu se da religija i nauka nisu međusobno isključive.[14] U čemu je, dakle, problem? Za mnoge, pitanje nije šta naučnici kažu, nego šta njihove teorije mogu da nagoveste – kao što je Papa Jovan Pavle II rekao, gledajući na „kosmos kao rezultat evolucije materije svedene na čistu slučajnost i neizbežnost".[15] Dalaj Lama dodaje da je ovakva vrsta materijalističke filosofije „prizivanje nihilizma i duhovnog siromaštva".[16]

Neki hrišćani se, međutim, zalažu protiv evolucije, budući da ona osporava njihovo tumačenje *Biblije* i njenog autoriteta. Za njih, suštinske vrednosti nisu vezane za nauku, nego za određena shvatanja onoga što smatraju božanski nadahnutim *Svetim pismom*. Njihovo gledište isključuje sve što se opire njihovom tumačenju objašnjenja iz *Postanja* kao autoritativnog okvira unutar kojeg nauka mora da funkcioniše. Na sličan način, sporenja Crkve sa Galilejem nisu se ticala njegovih naučnih gledišta, nego onoga što bi ljudi shvatali kao posledice značenja biti čovek i čovekovog odnosa prema Bogu. Budući da više nisu u središtu vasione, ljudi su se izgleda prepustili zaverama o propuštenim prilikama ili nepopustljivim potrebama.

U *Jevanđelju po Judi*, Isus podučava ljude o srodstvu s Bogom i životu prema moralnim načelima univerzuma, od Boga utvrđenim. Ljudi, kaže Isus, i ne znajući, imaju duhovne izvore u sebi. On objašnjava ovu poruku učeći Judu o prirodi univerzuma – da izvan ovog materijalnog sveta postoji još jedno carstvo, a iznad smrtnog ljudskog roda – besmrtni sveti rod. Kad bi ljudi mogli da shvate ovu realnost, mogli bi da dostignu svoju uzvišenu prirodu i shvate kako da žive. On kaže da su ljudi stvoreni po božanskoj slici nebeskog Prvog čoveka, Adama. Ponoseći se ovom božanskom slikom u ljudima, Bog je svakome poslao božanski duh, dajući svakome mogućnost da mu se okrene i bogosluži. Tražeći u sebi, ljudi mogu da „iznedre savršenog čoveka" – mogu u sebi da otkriju ono što je božansko i besmrtno.

Ali isto tako, ljudi moraju da shvate zbog čega su nesvesni ovog višeg carstva i sopstvene unutrašnje duhovne prirode. Isus objašnjava da, iako su ljudi stvoreni po slici i obličju božanskog, njih su, ipak, stvorili niži anđeli koje je Bog postavio da vladaju materijalnim svetom – carstvom haosa i zaborava. Zbog toga što su ovi anđeli, svojom arogancijom i neukošću, i sami podložni zabludi, oni čovečanstvo vode na stranputicu, dopuštajući ljudima da ih bogosluže. Oni navode neke ljude da misle da su pravedni kada obavljaju, naoko, pobožna dela kao što su prinošenje žrtvi, post, molitvu i krštenje. Ovakvim ponašanjem, ljudi poput ovih postaju tvrdoglavi, i kao dvanaest učenika, opiru se Isusovim kritikama, naročito zato što – kako tekst razjašnjava – ići za Isusom ne znači sticanje vlasti i slave na ovom svetu; naprotiv, znači biti osuđen, patiti i umreti.

Ova tema – da hrišćansko učenje znači ići za Isusom, oponašajući njegovo stradanje i smrt – u *Jevanđelju po Judi* svakako nije novina. Već u najranijem novozavetnom jevanđelju, *Jevanđelju po Marku*, odzvanja ova tema, neprestano ističući poruku o učenju o stradanju. Kao što smo videli, mnogi hrišćani su, u drugom veku, na ovaj način shvatali smrt mučenika. Kako se, dakle, razlikuje ono što *Jevanđelje po Judi* saopštava? Autor naglašava da istinski Bog ne žudi za ovim stradanjem i smrću. Zaista, Isus je poslat da pokaže da je smrt tek jedan korak ka večnosti. Stradanje i smrt dešavaju se jedino zato što su vladari sveta i oni koji ih slede skrenuli s puta. Ipak, njihovo vreme će isteći, i oni će biti uništeni. Takva je pravičnost Boga na nebesima. Niti će putenost vaskrsnuti u večni život; putenost pripada materijalnom svetu koji je preodređen da se vrati u haos iz koga je nastao. Jedino lažni „Bogovi" obećavaju da će prolazno telo postati večno. To je laž. Oni i svi koji ih slede će nestati, zajedno sa svetom kojim sada upravljaju.

Shvatajući situaciju, kako ljudi mogu da opstanu? U *Jevanđelju po Judi*, ovaj problem postavljen je eshatološki; Isus govori o životu i smrti u smislu onoga što će se desiti na kraju vremena. U pitanju je ne samo lični opstanak ljudi u zagrobnom carstvu, nego i to da li svet ima ikakav moralni poredak, ili će pravda, uprkos svemu, pokleknuti pred nasiljem, nepravednim stradanjem i zlom koje ljudi podnose. Autor *Jevanđelja po Judi* afirmiše – naspram očiglednih svedočastava o Isusovoj i Judinoj smrti i progonu hrišćana u njegovo vreme – da pravda postoji, da će veličanstveni život u duhu trijumfovati nad zlom.

Poglavlja 10–14 *Jevanđelja po Judi* sadrže srž Isusovog učenja. Mnoge stvari koje je Isus prethodno samo nagovestio, ovde su predstavljene mnogo sistematičnije.[17] Ono što leži u osnovi *Jevanđelja po Judi* najbolje možemo da razumemo ako shvatimo neke suštinske pretpostavke koje autor iznosi. Autor *Jevanđelja po Judi*, poput drugih ranih hrišćana, najpre se okreće knjizi *Postanja* kako bi odgovorio na pitanja o čovekovoj prirodi, moralnom poretku i odnosu prema Bogu. Ali, isto kao što ljudi danas čitaju svoje svete tekstove u smislu onoga što znaju o nauci, isto tako su i antički hrišćani tumačili *Postanje* u svetlu antičke filosofije i naučnih razmatranja, naročito astronomije, kao i jevrejskog tumačenja *Svetog pisma*. Kao što ćemo videti, u *Jevanđelju po Judi* pojavljuju se ideje iz svih ovih izvora. Još jedna pretpostavka je da je svet u kome živimo obrazovan prema višem, savršenom carstvu Boga. Ovi hrišćani čitaju *Postanje* shvatajući da objašnjenje stvaranja nižeg sveta sadrži nagoveštaje o nebeskom carstvu, budući da je ovaj svet obrazovan po ugledu na njega. Stoga, oni ne samo da su *Postanje* čitali kako bi dokučili prirodu ovog sveta, nego su i tragali za naznakama o prirodi nenadmašnog carstva Božjeg. U poglavljima 10–11, Isus ovo carstvo opisuje Judi.

10:1 Ovde saznajemo zbog čega saznanje o božanskom carstvu zahteva spasitelja koji potiče odatle. Budući da Juda nikada ne bi mogao da sâm shvati nebeski svet, Isus ga ovde podučava jer on nije vidljiv ljudskim okom. Isus govori o stvarima iznad, čak, i najvišihvidljivih nebesa i zvezda. Kao što kasnije shvatamo, Bog može da se poima na ovom svetu – ne ispitivanjem nebesa, kako je većina ljudi u antičkom svetu verovala, nego potragom unutar sebe.

10:2 Nebesko carstvo je neshvatljivo – čak i za anđele. Ono je bezgranično, i stoga ne može da se premeri ili ograniči ni na koji način. Čitaocu ostaje da zamišlja višu, nevidljivu stvarnost.

10:3–5 U ovom carstvu obitava najviši Bog, kojeg Isus naziva „Velikim nevidljivim Duhom". Ovo uzvišeno božanstvo je iznad svakog razumevanja – nevidljivo, nedokučivo čak ni srcem, tako da nijedno ime istinski ne iskazuje njegovu suštinu. Metaforički, ovo carstvo je poput oblaka – od supstance je, ali nedokučivo; može se videti, ali ono što se krije u njemu je nejasno. Međutim, ono je i svetlost – blistava, ona koja daje život i obasjava. To je pravi Bog; dok je „duh Božji" koji se „dizaše nad vodom", opisan u *Postanju* 1:2, samo njegov odraz.

Predstava da Bog ne može ni da se vidi, ni da se čuje, ni da se shvati, zajednička je jevrejskoj i hrišćanskoj literaturi (up. *Isa* 64:4; a od tekstova iz Nag Hamadija: *Molitvu apostola Pavla* 1:25–29; *Jevanđelje po Tomi* 17; *Trodelnu raspravu* 54:15–19), ali je naročito bliska u kontekstu Pavlovog senzibiliteta:

Ali premudrost govorimo koja je u savršenima, a ne premudrost vijeka ovoga ni knezova vijeka ovoga koji prolaze. Nego govorimo premudrost Božiju u tajnosti sakrivenu, koju odredi Bog prije svijeta za slavu našu; koje nijedan od knezova vijeka ovoga ne pozna; jer da su je poznali, ne bi Gospoda slave razapeli. Nego kao što je pisano: što oko ne vidje, i uho ne ču, i u srce čovjeku ne dođe, ono ugotovi Bog onima, koji ga ljube. *(1 Kor 2:6–9)*

U *Jevanđelju po Judi,* Isus je onaj koji Judi saopštava tajnu mudrost – mudrost skrivenu od vladara ovog sveta i nepoznatu ljudskom rodu. Ovo otkriveno znanje suprotstavlja se „ukaljanoj i iskvarenoj mudrosti" koju zastupaju oni pod vlašću nižih anđela ovog sveta *(Juda* 8:7).

10:6–20 Kao i u *Postanju,* stvaranje počinje Božjom zapovešću. Prvi koji nastaje je veliki anđeo, božanski Autogen, čije ime doslovno znači „samorodni". U bezbroj srodnih radova otkrivenih u Egiptu, Autogen je poistovećen sa Hristom.[18] Ovde se on pojavljuje iz oblaka svetlosti. Iz drugog oblaka dolaze četiri anđela da ga prate. Oni oblikuju prvobitnu pentadu – petoricu najuzvišenijih u božanskom carstvu. Kao što ćemo videti, drugih petoro su „prvi nad haosom", uključujući najvišeg, Seta-Hrista. Tako ova petorica čine obrazac poretka nižeg, materijalnog sveta.

Pored toga, Autogen stvara Adama i postavlja Sunce da upravlja njegovim carstvom. Bezbrojne mirijade stvorene su da obožavaju ono više, najsvetlije od svih bića u carstvima svetlosti. Ovaj obrazac je značajan, jer ukazuje da je vladavina ključna u božanskom poretku. Svako biće postavljeno je na odgovarajuće mesto; viši vladaju nižima koji su određeni da se o njima brinu i služe im. Na ovaj način uspostavljena je matrica vladanja i služenja kao ona koja je ne samo dobra i prirodna, nego i božanska. Čitav univerzum bio je, na ovaj način, ustrojen Božjom zapovešću – i božansko carstvo odgore, i niži svet ispod njega. Vladavina i poredak pokazuju Božju dobrotu.

11:1–12 Isus se mnogo bliže usredsređuje na figuru Adama. Naglašen je njegov uzvišeni položaj – on naseljava prvi oblak, onaj koji je toliko iznad svega da čak ni anđeli ne uspevaju da ga opaze. Ovde autor ironično komentariše da tobožnji „bogovi" ovog sveta ne uspevaju da opaze više carstvo – u ovom slučaju, Adamov „oblak" od svetla.

Adam, koji predstavlja nebeski model za Adama opisanog u *Postanju* 5:3, rađa dete po sopstvenoj slici i obličju, Seta, a sa njim nastaje i rod besmrtnih. Prvi put se javljaju brojevi dvanaest i dvadeset četiri, ali, usled nedostatka teksta, nije najjasnije na šta upućuju. Po svojoj volji, Adam je stvorio sedamdeset dva svetleća tela. Svako od njih stvara po pet dodatnih svetlećih tela, ukupno 360.

Isus objašnjava da „otac" – začetnik i vladar nad drugima – predstavlja dvanaest svetlećih tela i njihovih carstava, svako sa šest nebesa, što ukupno čini sedamdeset dva neba za isti broj svetlećih tela. Ova sedamdeset dva neba imaju po pet nebeskih svodova, što ponovo iznosi 360. Svima njima data je vlast nad bezbrojnom vojskom anđela, da ne pominjemo dodatne duhove čednosti, stvorene da ih slave i obožavaju ih.[19]

Čemu služi neprestano isticanje ovih brojeva? Za *Jevanđelje po Judi,* brojevi predstavljaju dokaz o pravoj prirodi Nevidljivog duha. Oni ukazuju na božansku dobrotu, jer pokazuju redosled stvaranja, a nižem svetu donose vidljivo svedočanstvo postojanja Boga. (Za više o brojevima, videti komentar o 12:5–21). Sva ova svetleća tela i anđeli, u sopstvenom matematičkom poretku, predstavljaju oblik nematerijalnog, duhovnog sveta svetlosti. Takođe, obezbeđuju model za potonje stvaranje materijalnog sveta. Kao što ćemo videti, zvezde i planete vidljivog neba nastaju kao materjalni odraz večnosti.

Sveto pismo, ako se čita pravilno, otkriva nešto o ovom božanskom svetu. Aktivnost Duha je stvaranje, glas Božji proglašava postojanje univerzuma, nebeska tela – ona nalik Suncu, Mesecu i zvezdama – vladaju sopstvenim sferama, pojava nebeskog Adama, njegovog sina Seta (i, kao što ćemo videti, Eve), zajedno sa čitavim nebeskim rodom: Sve ovo mogu da budu istinski modeli onoga što će nastati u materijalnom kosmosu koji Isus opisuje u poglavljima 12–13.

12:1–3 Isus otvara novu temu: stvaranje prolaznog sveta, kosmosa. On najpre ističe da se, voljom Očevom i njegovih najviših anđela, Prvi čovek, Adam, u pratnji svih večnih sila, pojavio u nižem, materijalnom svetu. To carstvo naseljavao je Adamov rod, zajedno sa oblakom znanja i anđelom po imenu El; ovo su, verovatno, naznake o materijalnom svetu kao izvesnom zemaljskom raju, gde raste (drvo) znanja i gde El hoda i gde je Adamov rod nastao. Dakle, ovde zapažamo početak izveštaja o stvaranju nižeg sveta, ali sa jasnim isticanjem elemenata njegovog božanskog karaktera. Nasuprot drugim hrišćanskim radovima, kao što je *Tajno otkrovenje Jovanovo,* gde stvaranje sveta obavlja pali anđeo koji radi protivno Božjoj volji, ovde je sve ustrojeno Božjom voljom.

12:5–21 Nije jasno ko govori na ovom mestu i ko stvara anđele nižeg sveta – verovatno Autogen. Vidimo ga kako stvara anđele koji vladaju „haosom i zaboravom", bezobličnim ponorom opisanim u *Postanju* 1:2. Nije nam rečeno odakle potiče ovo carstvo; ono je prosto tu, saglasno antičkom verovanju da je neživa, bezoblična materija, pre nego što joj je Bog dao oblik i udahnuo život, postojala kao vrsta tamnog haosa. Tako se Božja dobrota ogleda u postavljanju ograničenja nad burnom i rušilačkom suštinom materije, osvetljavajući i oživljavajući tamni bezdan uvođenjem anđela da vladaju nad njim.

Dvanaest anđela nastaju kako bi vladali haosom. Prvi ima ognjeno lice – podsećajući na božansku svetlost, ali ova sličnost je boje krvi i pokazuje da je njegovo „svetlo" ukaljano; on više uništava nego što osvetljava. Njegovo ime, Nebro, takođe govori o njegovom karakteru, jer je ono prevodeno kao „otpadnik", ostavljajući čoveka da odmah pomisli na pale anđele, kao što je Satana.

Potom sledi Saklas sa šest drugih anđela koji mu služe – isto kao što božanska svetleća tela imaju anđele koji im služe i obožavaju ih. Ovi dodeljuju delove neba sledećoj dvanaestorici anđela. I na kraju, nastaje pet vladara nad zaboravom – oblikovanih po Autogenu i njegovoj četvorici anđela koji vladaju božanskim carstvom. Prvi od ova dva niža anđela ima dva imena: Set i Hristos.

Iako čudan kao što, možda, izgleda, ovaj opis se prilično poklapa sa široko rasprostranjenim antičkim verovanjima o strukturi neba. Neki Platonovi sledbenici tvrdili su, na primer, da je astronomija bila jedina suštinska nauka za one koji su težili da dosegnu pravu mudrost i pobožnost.[20] Antički astronomi zamišljali su geocentrični univerzum u kojem se Zemlja pojavljuje kao stabilna, nepomična sfera, oko koje se okreću Sunce, Mesec i zvezde. Od ove pretpostavke oni su razvili sofisticirane matematičke formule kako bi prikazali kretanje nebeskih tela. Poput današnjih fizičara i astronoma, matematičari iz antičkih vremena shvatili su da pokrete Meseca, zvezda i planeta, kao i njihove međusobne odnose, mogu da opišu brojevima. Da li to znači da su brojevi jednostavno izvestan efikasan jezik za opisivanje materije i energije univerzuma? Ili se sâm univerzum povinuje matematičkim jednačinama? Matematičari od Pitagore do Alberta Ajnštajna spekulisali su o tome da brojevi opisuju univerzalna načela, uključujući oblik i kretanje nebeskih tela.

Antički naučnici smatrali su da je Sunce nadmoćno, jer njegovo kretanje određuje smenu noći i dana, isto kao i godišnjih doba. Takođe su smatrali da Zemljino najbliže telo, Mesec, predstavlja obrazac za određivanje kalendarskih meseci. Posebno su obratili pažnju na pet zvezda koje su izgledale kao da se nepravilno kreću, budući da sa bilo koje nepomične tačke opažanja na Zemlji – Jupiter, Saturn, Mars, Merkur i Venera (Uran, Neptun i patuljasti Pluton nisu bili vidljivi golim okom) izgledaju kao da skreću sa svoje putanje, a zatim joj se vraćaju. Zbog ove nepravilnosti, antički posmatrači ove zvezde često nazivaju „planetama" preuzimajući izraz nastao od grčkog glagola *plane* , što znači „grešiti" ili „lutati". U vreme kada je *Jevanđelje po Judi* napisano, astronomi su već shvatili da je ovaj izraz bio pogrešan, budući da je primećeno da su putanje planeta bile pravilne, premda protivne putanjama zvezda. Antički astronomi rasporedili su prostor na rojeve drugih zvezda, koje su izgledale da se kreću po ustaljenim obrascima, deleći vidljivo nebo na dvanaest delova koje poznajemo kao zodijak. Običnu godinu su proračunali na 360 dana, premda je povremeno bilo potrebno godišnje podešavanje dodavanjem pet celih i jedne četvrtine dana.

Na taj način, filosofi i naučnici shvatali su brojeve i kao uspostavljena načela poretka i kao određivanje perioda vremena i granica vasione. I dok su astronomske podatke koristili u praktične svrhe, uključujući navigaciju i sezonske poljoprivredne radove, takođe su razmatrali pitanja harmonije i stabilnosti neba kao dokaza božanskog poretka i smisla. Antički astronomi verovali su da matematički opisi univerzuma dokazuju da božanski naum, a ne slučajnost i neizbežnost, vlada univerzumom. *Epinomija*, delo izvesnog novoplatoniste, čak kaže za brojeve da su „uzrok svih dobrih stvari".[21]

Autor *Jevanđelja po Jovanu*, takođe se oslanja na brojeve kako bi pokazao redosled Božjeg stvaranja. On koristi brojčane odnose nebeskog sveta kako bi načinio obrazac za stvaranje našeg, nižeg kosmosa sa svojih dvanaest meseci, zodijakom i godinom od 360 dana. Sudeći prema njihovim opisima i brojevima, verovatno da ova bića možemo da povežemo sa Suncem (Nebro sa svojim ognjenim licem), sedmodnevnom nedeljom (Saklas i njegovih šest pomoćnika), zodijakom (dvanaest vladara neba) i pet planeta (postavljenih oko haosa). Autor *Jevanđelja po Judi* povezuje odnos između našeg kosmosa i ovih nebeskih brojeva kako bi dokazao ne samo da postoji jedan viši svet, nego i da božanski život preovlađuje svetom u kome živimo.

Ovakva gledišta takođe imaju potvrdu u načinu na koji autor *Jevanđelja po Judi* čita izveštaj o stvaranju iz *Postanja*. Prema *Postanju* 1:3–8, Bog je stvorio svetlost, odvajajući noć i dan, i oblikujući nebeski svod da razdvoji ono ispod i iznad svoda. Stvorio je Sunce, Mesec i zvezde i postavio ih da obeležavaju godišnja doba, dane i godine, i da vladaju danima i noćima. Kada je završio, „vidje Bog da je dobro" *(Post* 1:14–18). Na ovaj način, *Jevanđelje po Judi* pokazuje da je pravi Bog do kraja odgovoran za čitav univerzum, i za nebo i za svet ispod njega. Naš svet je nastavak Božjeg stvaranja sveta iznad nas.

Usled dubokog poštovanja prema nebeskim telima, mnogi ljudi u antičkom Sredozemnom svetu, smatrali su zvezde živim, čak božanskim, bićima – kojima, neko je rekao, upravljaju bogovi ili njihove slike. Ovim astralnim božanstvima prinosili su žrtve i posvećivali festivale, a naročito su poštovali Sunce.

Budući da *Jevanđelje po Judi* identifikuje vladare nižeg sveta sa nebeskim telima, ono Isusove učenike – kada ovi Saklasu „na žrtvu" prinose Isusa i mučenike – optužuje za obožavanje astralnih božanstava. „Okanite se prinošenja", zapoveda im Isus.

Ovaj autor nije usamljen u osuđivanju nauke o zvezdama i raširenog poštovanja prema zvezdama i planetama, što su činili i izvesni filosofi, kao i mnogi Jevreji i hrišćani. Plutarh, na primer, kaže da mnogi ljudi osuđuju astronome zbog toga što „traće božanstva na nerazumne stvari, nepredvidive sile i neminovne događaje".[22] Ne razlikujući se od današnjih protivnika nauke, Platon je upozoravao da prirodna filosofija vodi u ateizam, budući da ateizam ukazuje „da svet nije stvoren s naumom, od Boga, ili veštinom, nego prirodno i slučajno".[23] Jevreji i hrišćani koji su se oslanjali na *Postanje*, koje opisuje Sunce, Meses, planete i zvezde kao prirodne pojave koje je stvorio Bog, protivili se opažanju da su zvezde bile živi bogovi. Umesto toga, mnogi Jevrreji insistirali su da je jedan, istinski Bog stvorio sva ta nebeska tela i postavio anđele da upravljaju njima. Hrišćani, takođe, sve stvari pripisuju Božjem proviđenju i slobodnoj volji, tako da kad god se događaji na nebu javljaju kao znamenja, oni ukazuju jedino na ono što im je Bog namenio da pokazuju – da je Božji naum bio na delu kada se, na primer, tvrdilo da je jedna naročito sjajna zvezda vodila Mage do mesta na kome se rodio Isus, ili da se pomračenje Sunca dogodilo u vreme njegove smrti ili kada su hrišćani predskazali da će događaji na nebesima objaviti njegov povratak.[24] Oni koji su smatrali da su astrolozi propustili da zapaze da Bog upravlja ovim znacima sa neba, crkveni otac Origen govorio je, da će, u stvari, „determinizam koji predlažu astrolozi potpuno obesmisliti Hristovo iskupljenje, napore apostola, čovekov trud i molitve, i učiniti Boga nepravednim".[25]

Autor *Jevanđelja po Judi* se slaže. Kretanje nebeskih tela sledi Božji plan – zvezde su one koje donose kraj (*Juda* 14:2–5). Ipak, u isto vreme zvezde mogu da odvedu ljude na stranputicu. Isus dva puta ukazuje na Judinu zvezdu, u izvesnom smislu na protivrečan način: „Tvoja zvezda te vodi na stranputicu", kaže on, kada Juda pogrešno tumači sopstveni san o nebeskom hramu (*Juda* 9:15). Međutim, kasnije Isus kaže Judi: „A ona koja pokazuje put, to je tvoja zvezda" (*Juda* 15:16). Iako izgleda protivrečno, ovde na delu vidimo jednu od glavnih pretpostavki iz *Jevanđelja po Judi*: da je nebeska tela postavio Bog, ali da ona, ipak, mogu da zastrane i pogreše. Odakle potiče ovakvo opažanje?

Delimično proističe iz opažanja o planetama, koje naizgled „greše" na svojim putanjama. Međutim, mnogo precizniji odgovor u pogledu *Jevanđelja po Judi* jeste da, iako je anđele koji upravljaju ovim svetom, stvorio i postavio Bog, oni su nesavršena bića, jer potpadaju pod prirodu nižeg sveta kojim upravljaju. Za razliku od anđela na nebu, ova bića su smrtna. Ograničena su i na druge načine: Bog je taj koji je odredio uslove njihove vladavine, i omogućio im tek ograničeno razumevanje, jer, kao što smo videli, i oni takođe mogu da greše i odvedu ljude na stranputicu.

KOMENTARI NA PREVOD

Ovakav portret anđeoskih vladara sveta dosta duguje onoj vrsti razmišljanja koju srećemo u jevrejskoj apokaliptičkoj literaturi, od koje je većina napisana posle knjiga iz hebrejske *Biblije*, ali pre početka hrišćanstva. Na primer, knjiga pripisana velikom proroku Enohu, opisuje na koji način mu je računanje vremena i godišnjih doba otkrio Urijel, anđeo koji „na nebu beše vladao i danom i noći, kako bi mogao da nagoni svetlost da sija nad ljudima – Sunce, Mesec i zvezde, i sva carstva nebeska koja kruže (sopstvenim) putanjama" *(1 Enoh* 82).[26] Urijel objašnjava da je Bog postavio anđeoske vođe i zapovednike nad sva četiri godišnja doba, dvanaest meseci i 360 dana, zajedno sa imenima, zapovestima i potčinjenima ovih koji zapovedaju nad hiljadama. Kao i u *Jevanđelju po Judi,* ovi anđeli su nesavršeni, ponekad greše i čak odvode čovečanstvo na stranputicu:

> Mnogi od prvih među zvezdama zgrešiće u pogledu onoga što im je zapoveđeno; promeniće pravce i dužnosti, i javiti se neće u vreme koje ime beše određeno. Sav će poredak među zvezdama otvrdnuti (u rasporedu) naspram bludnika i savesti onih koji nastanjuju Zemlju. One (zvezde) će se ogrešiti o njih (bludnike); i promeniće svoje prav-

ce. Potom će oni (bludnici) pogrešiti i smatraće ih (zvezde) bogovima. I nad njima će se umnožiti zlo; i kuga će doći na njih, e da bi ih sve uništila *(1 Enoh* 80:6–8).

Prva knjiga Enohova ukazuje ovde da grešni anđeli mogu da izazovu nasilje i lažno obožavanje među ljudskim bićima. U *Jevanđelju po Judi,* takva je i priroda anđela koje je Bog postavio da vladaju svetom. Isus saopštava Judi kako je Bog preneo zapovesti nižem, materijalnom svetu stavljajući ga, na ograničeno vreme, pod vlast ovih nižih anđela.

13:1–7 Ovde shvatamo da su Saklas i njegovi anđeli stvorili ljudski rod. Oni su oblikovali Adama i Evu po slici i obličju božanskog sveta. Ali, budući da su ovi grešni anđeli „Bogovi", oni koji su stvorili Adama i Evu, ljudski rod živi pod njihovom vlašću i poprima njihove mane i smrtnu prirodu. Ne samo da su ljudi nepravedni i grešni; njihov životni vek je, takođe, ograničen, kao što im Saklas poručuje: „Tvoj život i život tvoje dece trajaće (tek) neko vreme". Verovatno da je deo teksta koji nedostaje obuhvatao Saklasovu zapovest da se ne jede rajsko voće, u skladu sa pričom iz *Postanja* 2:15–17 i 3:1–4. Tu Bog zapoveda Adamu da ne jede sa drveta znanja o dobru i zlu, ali kada Eva i Adam jedu

KOMENTARI NA PREVOD

s njega, Bog ih isteruje iz raja da ne bi jeli sa drveta života i tako živeli zauvek. Posledica i u *Postanju* i u *Jevanđelju po Judi* je ista: Svako ljudsko biće sada ima ograničen životni vek.

Ovakvo tumačenje *Postanja* možda izgleda protivrečno doslovnom značenju teksta, ali rešava nekoliko problema s kojima su se antički čitaoci suočavali i istovremeno se povinuje najvišim filosofskim standardima onog vremena. Jevreji i hrišćani u to doba su se rvali sa izvesnim problemima iz *Postanja*, posebno sa slikom Boga kao ograničenog bića koji „iđaše po vrtu kad zahladi" i kojem je neophodno da Adama i Evu pita gde su bili – kao da nije znao. Takođe, morali su da daju objašnjenje za množinu u *Postanju* 1:26, gde Bog kaže: „da načinimo čovjeka po obličju svojemu". Šta znači ovo „da načinimo" ako postoji samo jedan pravi Bog? Za autora *Jevanđelja po Judi*, portretisanje stvoritelja kao Saklasa i njegove anđeoske družine donosi rešenje problema.

Pored toga, *Jevanđelje po Judi* duguje filosofiji Platona i njegovih sledbenika. Donoseći sopstvenu verziju priče o postanju, Platon je sugerisao da je nenadmašni Bog postavio zadatak stvaranja materijalnog sveta nižem stvoritelju, kojeg naziva Demijurgom, i „mlađim bogovima" oko njega. Stvarajući ovaj svet, ugledali su se na večno, duhovno carstvo na nebu i preslikali njegov oblik na haotičnu materiju, donoseći poredak i lepotu svemu što su stvorili. Besmrtne duše ljudskog roda izvorno su nastanjivale zvezde, moćno mesto koje im je dopuštalo da razumeju čitav kosmos. Međutim, kada su ih niži bogovi smestili u tela ljudi, zaboravili su sve što su prethodno znali. Platon govori ovu priču kako bi učenicima preneo ono što smatra smislom ljudskog života: da se prisete istine o sebi i sopstvenom poreklu, tako da pravedna duša, kada joj smrt donese oslobođenje iz okova tela, može da se vrati besmrtnim zvezdama i povrati znanje o univerzumu koje je prvobitno imala – pamćenje koji smo prepustili zaboravu kada smo se rodili na ovom svetu.[27]

Jevanđelje po Judi – i zapravo većina hrišćanskih pogleda na univerzum – mnogo su se nadahnjivali iz filosofije Platona i njegovih sledbenika. Mnogi hrišćani prihvatali su dualistički stav da su ljudska bića, u stvari, duše nastanjene u opipljivim telima. Poput Platona, i oni shvataju Boga kao nenadmašno Biće, daleko iznad materijalnog sveta haosa i smrti, Biće koje je vezu sa materijalnim svetom prepustilo nižim anđelima.

13:8–10 Čim Isus obelodani da je Saklas ograničen životnim vekom ljudi, Juda istoga časa žudi da sazna koliko dugo ljudi mogu da žive. Ali, Isus ga ponovo prekoreva: „Zašto si iznenađen što je vek Adamov i njegovog roda odbrojan na ovom svetu? Na ovom svetu je primio svoje carstvo, sa svojim vladarom, za (ograničeno) vreme." Juda, ponovo, ne shvata da je sve što živi u nižem svetu predodređeno da nestane na kraju vremena. Životni vek Adama i njegovog roda na Zemlji je ograničen. Bog je odredio Adama (i njegovu decu) da vladaju na ovom svetu (to jest, „na ovom svetu je primio svoje carstvo"), držeći se *Postanja* 1:28, gde Bog daje Adamu da upravlja zemljom i svime što na njoj živi. Ipak, Isus objašnjava Judi da ovo mesto takođe ima svog vladara – Saklasa, jer je prema *Postanju* 1:16–18, Bog vlast nad nebesima predao svetlećim telima. Tako su i životni vek ljudi i njihova vlast na zemlji odbrojani (tačno odmereni). Dva puta, doslovno „brojevima", ukazujući na Adamov život i vladavinu, autor ističe da sve što se događa sledi matematički proračun koji je postavio istinski Bog, čak i ovde u svetu haosa i zaborava, budući da svi brojevi i svako ustrojstvo, nesumnjivo, potiču od istinskog Boga. U ovom slučaju, brojevi predstavljaju ograničenja nad životnim vekom ljudi i vlašću na Zemlji. Isusu sada ostaje da Judi razjasni da ova vlast ne znači da će biti večna. Ona je tek privremena – i to Judu ne treba da iznenađuje, jer Isus tek što mu je razjasnio poreklo sveta.

13:11–17 Judino sledeće pitanje: „Umire li čovekov duh?" pokazuje da on počinje da shvata. Telo će umreti i svet će nestati, ali duh ne pripada ovom nestalnom carstvu, nego višem svetu. Šta će se desiti s njim na kraju vremena? Božanski duh ne može da nestane, ipak, *Jevanđelje po Judi* priznaje smrt fizičkog tela i njegovu konačnost. Pored toga, ono donosi učenja da su, čak, i duše smrtne, sve dok se ne sjedine sa besmrtnim duhom. Isus je Judi već rekao da će duše svih koji pripadaju jedino ljudskom rodu – umreti (8:2). Ali, na ovom mestu Juda pita za duh, ne za telo ili dušu. Isusov odgovor na ovo pitanje je složen. On kaže da je Bog zapovedio anđelu Mihajlu da čoveku samo pozajmi duh, kako bi mogao da se moli Bogu, onoliko koliko potraje carstvo (i njegovi vladari). Ali, kada carstvu dođe kraj, njihova molitva se okončava i oni umiru (telo i duša). Ali, Isus kaže, neki drugi primaju duh od anđela Gavrila, pa kad im tela skončaju, njihove duše i dalje žive i uzdižu se do nebeskog carstva. Tu primaju duhove od velikog slobodnog roda: to jest, duhove iz višeg carstva, gde vladari haosa ne mogu da im gospodare. Oni sa besmrtnim duhom zauvek će se nastaniti na nebu, na svetom mestu čuvanom za njih (8:3–4; 13:12–13). Tako, na kraju, duše onih koji poštuju anđeoske vladare nižeg sveta nestaće zajedno sa njima, dok će duše onih koji se okreću nebeskom svetu ostati sjedinjene sa duhom i uzdići će se u zagrljaj svetom rodu na nebu.

Iako kroz čitavo jevanđelje Isus govori o dva roda – smrtnom i besmrtnom – stvarajući utisak da su ljudi preodređeni ili za smrt ili za večni život, to nije ispravno čitanje *Jevanđeja po Judi*. Naprotiv, ono što vidimo jesu dve isprepletane perspektive. Iz tačke gledišta strašnog suda na kraju vremena, ljude je moguće podeliti na ove dve grupe. Kako Isus objašnjava, svi ljudi primili su duh od Boga, ali neki su ga dobili samo na „pozajmicu", dok drugi poseduju duh „velikog nepodjarmljenog roda". Iako ovo zvuči deterministički, on nastavlja da poziva duše da tragaju za duhom u sebi. Ljudi su, podučava Isus, oni koji nagone duh da se nastani u telu, jer Bog je čovečanstvu (Adamu i onima oko njega) preneo znanje koje im je neophodno da se izbave iz vlasti vladara sveta. Na ovaj način Isus razjašnjava da je svako stvoren po slici božanskog Adama, i da je svakom podaren duh od Boga. Bilo da gube svoje božanske duhove kada umru, bilo da se uzdižu do večnog carstva na nebu, zavise od onoga što čine u ovom životu. Ako se okreću ka sebi i pokušavaju da dopru do duha u sebi, njihove duše živeće sa besmrtnim, od Boga datim, duhom. Ako, međutim, odbiju da slede Isusovo učenje i istrajavaju u lažnoj pobožnosti, držeći se puta nasilja vladara sveta, kad skončaju oni nestaju zauvek, telesno i duševno, jer ih duh napušta dok se uzdiže natrag ka Bogu. Tako je, iz perspektive sadašnjeg vremena, spasenje dostupno svakome. Prava priroda pojedinaca – bilo da pripadaju smrtnom ljudskom rodu ili velikom nepodjarmljenom rodu – postaće izvesna tek na kraju.

14:1–18 Kad istekne vreme, Isus kaže Judi, zvezde i planetarni vladari biće uništeni, zajedno sa svim što su stvorili, kao što je i bilo predskazano. Svi ljudi koji ih slede pašće u moralni haos, ubijaće sopstvenu decu i zaglibiće se u nasilje i blud (*Juda* 14:2–7, 14–16). Takvo je znamenje kraja (up, takođe *Juda* 5:8–16).

I mnogi drugi hrišćani, onda kao i sada, delili su uverenje da će kraj vremena biti doba nasilja i uništavanja. Prema *Jevanđelju po Marku*, znamenja kraja javljaju se kad ljudi shvate da se redosled stvaranja preokrenuo: „Sunce će pomrčati, i mjesec svoju svjetlost izgubiti. I zvijezde će spadati s neba i sile nebeske pokrenuti se" (*Mk* 13:24–25). *Prva poslanica Jovanova* tvrdi da „sav svijet leži u zlu" (5:19), a najduže apokaliptičko predskazanje u *Novom zavetu*, knjiga *Otkrovenja*, predviđa strašan rat na nebu pre konačnog uništenja sveta. Satana i njegovi anđeli privremeno vladaju svetom, i upravo oni inspirišu vladare da ubiju Isusa i otpočnu rat protiv njegovih sledbenika. Jovan, prorok iz *Otkrovenja,* takođe smatra astrološke znake predskazanjem Božjeg plana.[28] *Otkrovenje,* poput *Jevađelja po Judi,* prikazuje Isusa kako podučava da je sadašnji svet na pragu uništenja, zajedno sa svima koji se klanjaju demonskim silama koje ovog časa drže vlast. Sve ove „knjige otkrovenja" tvrde da će, na kraju, samo oni koji veruju biti spaseni. *Jevanđelje po Marku* prenosi da će sin čovečiji „tada poslati anđele svoje i sabraće izbrane svoje od četiri vjetra, od kraja zemlje do kraja neba" *(Mk* 13:27). U *Prvoj poslanici Jovanovoj* insistira se da „sin Božij dođe, i dao nam je razum da poznamo Boga istinoga", vodeći vernike od idolatrije do večnog života *(1 Jov* 5:20–21). U *Otkrovenju,* samo vernici stiču večni život u novom postanju, nebeskom Jerusalimu koji se spušta sa nebesa *(Otk* 21), dok su nevernici osuđeni na večnu kaznu u ognjenom jezeru *(Otk* 20:15).

Jevanđelje po Judi iskazuje isto uverenje, učenjem da ovaj svet neće dugo potrajati i da će svi, na ovom svetu, koji ne prihvate Isusovo učenje – umreti. Kad se Isus ponovo nasmeje, shvatamo da će zvezde i planete koje upravljau nebom i nižim carstvima haosa, sve do jedne biti uništene, zajedno sa svim što su stvorile *(Juda* 14:16).

Juda pita o onima koji su kršteni Isusovim imenom, ali, na nesreću, Isusov odgovor nestao je u praznini u tekstu. Međutim, možemo da spekulišemo da njegov odgovor, možda, može da podseća na ono ono na šta nailazimo u *Svedočanstvu o Istini:* „Ima nekih, koji pošto primiše veru, primiše i krštenje jer se nadaju spasenju... (ali) sin čovečiji ne beše krstio nijednog od svojih učenika. Jer [... ako oni koji] behu kršteni budu zauvek na čelu, svet će opusteti... Jer, krštenje po istini je nešto drugo; to je odricanje od stvorenog sveta. [Ali oni koji] govore [samo] jezikom [kojim ga] odbacuju – [lažu], i nastupaju sa strahom" *(SvedIst* 69:7–29). Nikakav pobožan čin ne donosi spasenje; samo odbacivanje „sveta" i njegovih vladara i okretanje Bogu.

Isus objašnjava Judi: „Tvoja zvezda zavladaće trinaestim carstvom" *(Juda* 14:11). Neki istraživači smatrali su da ovo znači da će Juda nadmašiti dvanaest nižih vladara sveta i da će se nastaniti u carstvu iznad njih, ali da će i dalje biti izvan carstva nebeskog hrama, takođe na nebu. Bez sumnje, broj trinaest ukazuje Judi i onima koji slede njegovu zvezdu da će se uzneti iznad vlasti vladara sveta i izbeći uništenje. Ipak, ne izgleda verovatno da je ovo trinaesto carstvo Judino konačište, budući da Isus jasno kaže da će se oni koji su od besmrtnog roda nastaniti u božanskim carstvima na nebu. Ključni pasus je 15:12–13.

15:1–4 Ovaj pasus predskazuje uništenje svih koji prinose žrtve Saklasu. Juda će ih sve nadmašiti jer „prineće na žrtvu ovo telo u kojem sam (Isus) se nastanio". Kao što smo prethodno razmotrili, ova žrtva pokazuje da prava duhovna priroda čovečanstva nije telo, niti je omeđena smrću. Tako, dok „čovek" u kojem se Isus nastanio jeste smrtno telo, ono koje istinski pati i umire, ovaj smrtni čovek nikada nije bila konačna istina o Isusu, koji je u suštini božansko duhovno biće – poput svih drugih ljudi koji poseduju besmrtni duh. Iako je ovo umnogome spekulacija, čini nam se da *Jevanđelje po Judi* ukazuje da Isus predstavlja istinsku prirodu svih ljudskih bića koja poštuju pravog Boga. Njihova putena tela su zbilja; oni pate i umiru; ali, u isto vreme, njihova prava priroda jeste duhom ispunjena duša, koja će zauvek živeti uz Boga na nebesima. Ovo možemo označiti vrstom „doketizma" (to jest, od grčke reči *dokeo*, „naizgled", stanovište da je Isus samo naizgled imao stvarno telo od krvi i mesa, što je, u stvari, bilo samo privid), ali uz neminovnu primedbu da je ljudsko telo stvarno – ono koje zaista pati i umire. Ono ne predstavlja utvaru, već običnog smrtnika.

15:5–13 Ovde vidimo Judu kao proroka kraja vremena. Predstave o rogu podignutom uvis i spremnom da se oglasi, o gnevu, o znamenju zvezda i pobedi srca

– sve su ovo uobičajeni znaci kraja vremena. Judina predaja Isusa predstavlja početak kraja, zapadanje ljudskog roda u moralni haos. Autor *Jude* je, verovatno, smatrao da živi u poslednjim danima, budući da je, kao što smo već videli, u umiranju hrišćana palih u ruke Rimljana i osudi svih nalik njemu od strane sabraće hrišćana koji su prinosili žrtve Saklasu (smrću mučenika) video znake kraja vremena.

Međutim, i ovde Isus podučava Judu da će, posle konačnog uništenja, predeo koji naseljava veliki rod Adama – verovatno trinaesto carstvo – biti uzvišeno. Budući da je taj rod postojao pre nastanka nižih anđela i pre nego što su stvoreni niže nebo i zemlja, oni od Adamovog roda izbeći će uništenje i uzdići će se do carstva nebeskog.

15:14–20 Na kraju, Juda u potpunosti shvata značenje Isusovog učenja. „Sve ti se kaza", govori mu Isus. On mu zapoveda da uspravi pogled – više nema potrebe da ga skreće kao što je činio na početku jevanđelja. Juda je sada sposoban da opazi božansko carstvo na nebesima. On vidi zvezde – ove „zvezde" su, možda, svetlosni duhovi koje svaki čovek dobija rođenjem – sada u oblaku od svetla. Ovaj prizor pokazuje da čak i dok žive u telu, ljudi mogu da spoznaju Boga.

16:1–9 Poslednja scena u *Jevanđelju po Judi* izgleda da donosi prekretnicu u priči, kada, kao i u *Jevanđelju po Jovanu*, Isus govori Judi da krene i obavi šta treba da obavi, kao što ističe Stefan Emel.[29] Isus (sa svojim učenicima?) ulazi u „gostinsku sobu" u Hramu, kao u primaću sobu u onoj kući iz drugih jevanđelja (isti izraz, *kataluma*, upotrebljen je u *Mk* 14.14 i Lk 22:11) gde se, sa učenicima, pripremao za Pashu. Napolju čekaju neki pisari, nadajući se da će ga se dočepati bez prisustva naroda koji ga prati (kao što Juda čini, sudeći prema *Lk* 22:6), budući da ga narod smatra svetim prorokom. Juda, takođe, stoji napolju, i tad mu prilaze pisari, shvatajući da je on jedan od Isusovih bliskih sledbenika. Juda potom uzima novac i predaje Isusa. Ovim se jevanđelje završava.

Hrišćanski čitaoci iz drugog veka sigurno su znali nastavak priče: da je Isus bio uhapšen, mučen i usmrćen, ali i da je ustao iz mrtvih i uzneo se na nebo. Za *Jevanđelje po Judi*, sve što je bilo neophodno, već je rečeno, jer Isusovo učenje je ono što donosi večni život, ne njegova smrt ili čak vaskrsenje. Ovo poslednje samo pokazuje istinitost onoga što je Isus preneo Judi: dok telo nestaje, duh živi u skladu s Bogom.

Kada je *Jevanđelje po Judi* prvi put objavljeno, novine i drugi mediji javili su da će ono potkopati hrišćanski antijudaizam, rehabilitujući Judu (čije je ime povezano s rečju *Jevrejin*). Više ne kao oni koji su izdali Hrista, Jevreji će se, najzad, osloboditi te kletve. Međutim, dok *Jevanđelje po Judi* daje pozitivnu sliku o Judinoj predaji Isusa, ono takođe prikazuje najviše jevrejske sveštenike i pisare kao one koji vrebaju da se dočepaju Hrista. Nema ni nagoveštaja da su Rimljani – koji su, u stvari, ubili Isusa – uopšte imali ikakvu ulogu. Sva krivica svaljena je na Jevreje – one pisare koji su platili Judi da preda Isusa, pa čak i na Isusove učenike, koji su prikazani kao ubice i bludnici koji stoje u oltaru jerusalimskog Hrama. Ovakav završetak ne dovodi do poboljšanja jevrejsko-hrišćanskih odnosa, ali nas poziva da ponovo razmotrimo na koji način (pretežno neistorijski) portret Jude u jevanđeljima kao i mnoge druge neistorijske odlike priče iz jevanđelja treba da budu ispravljene.[30] Bez obzira da li ljudi prihvataju ili odbacuju ono što *Jevanđelje po Judi* govori, treba mu pristupiti u smislu onoga što možemo da saznamo o istorijskim prilikama hrišćana koji su ga sastavili i čitali: o njihovom gnevu, njihovim predrasudama, njihovim strahovima – i njihovim nadama.

Indeks unakrsnih referenci

Kada je *Jevanđelje po Judi* prvi put postalo predmet proučavanja, istraživači su ga numerisali prema stranama i redovima rukopisa (Čakos kodeksa). Budući da *Jevanđelje po Judi* počinje na strani 33, a završava se na strani 58, prvi broj bio je 33. Dok, s jedne strane, ovakva numeracija pomaže istraživačima u proučavanju koptskog rukopisa, s druge strane ona zbunjuje obične čitaoce, budući da numeracija ne prati literarni oblik jevanđelja; zapravo, stranice se završavaju i počinju čak i usred rečenice. Stoga sam načinila novi sistem numeracije po poglavljima i pasusima koji prati književnu strukturu rada. Ovo je svakako, zamršeno u slučajevima kada nedostaju čitave stranice; u takvim slučajevima jednostavno sam dodala broj poglavlja ili pasusa koji označava da nedostaje nekoliko redova. Za one koji žele da uporede koptski rukopis sa prevodom, sledeći indeks može da posluži kao uputstvo:

Čakos kodeks (rukopis) broj strane	Prevod
33	1:1–2:2a
34	2:2b–15a
35	2:15b–28
36	2:29–3:7

37	3:8–4:4
38	4:5–15
39	4:16–5:4
40	5:4–16
41	5:17–6:??
42	6:??–7:??
43	7:??–8:6
44	8:6–9:8
45	9:8–20
46	9:21–30
47	9:30–10:10
48	10:10–23
49	10:23–11:10
50	11:10–12:3
51	12:3–14
52	12:14–13:6
53	13:6–14
54	13:14–14:7
55	14:8–18
56	14:18–15:8
57	15:9–20
58	15:20–16:10

Napomene

Čitanje Jude

Uvod

1. Za nešto više o samom otkriću i restauraciji Čakos kodeksa, videti Rodolphe Kasser, Marvin Meyer, and Gregor Wurst (prir.): *The Gospel of Judas*, (Washington, DC: National Geographic, 2006), naročito str. 11–16, 47–76; Herbert Krosney, *The Lost Gospel: The Quest for the Gospel of Judas Iscariot* (Washington, DC: National Geographic, 2006).

2. Irenej, *Protiv jeresi* 1.31.1. Svi navodi iz *Protiv jeresi* potiču iz kritičkog izdanja: Adelin Rousseau i Louis Doutreleau, *Irenée de Lyon, Contre les heresies*, 5 vols. (Paris: Les Éditions de Cerf 1979); engleski prevod (ponekad sa izmenama) potiče iz: A. Cleveland Coxe, *The Apostolic Fathers with Justin Martyr and Irenaeus*, vol. 1 of The Ante-Nicene Fathers (Grand Rapids, MI: Eerdmans, 1885 [reprint 1979]). Dostupno na internet adresi www.earlychristianwritings.com.

Jevanđelje po Judi takođe pominje i Epifanije u svom *Panarionu* 38.1.5, ali njegov izveštaj se verovatno zasniva na Irenejevom. Videti raspravu o *Jevanđelju po Judi* u Wilhelm Schneemelcher, urednik, *New Testament Apocrypha*. Vol. I: *Gospels and Related Writings*, Louisville, KY: Westminster/John Knox Press, 1991, str. 386–387. Gregor Vurst iznosi uverljiv argument da je *Jevanđelje po Judi* koptski prevod grčkog izvornika koji pominje Irenej (videti „Irenaeus of Lyon and the Gospel of Judas" u *The Gospel of Judas*, Rodolphe Kasser, Marvin Meyer, and Gregor Wurst, prir., Washington, DC: National Geographic, 2006, str. 121–135).

3. U vezi sa pričom o ovom otkriću i zbirci ovih radova u engleskom prevodu, videti *The Nag Hammadi Library in English*, James M. Robinson i Richard Smith, prir. Treće izdanje (San Francisco: Harper and Row, 1988).

4. Dozvolite mi da ukažem na samo jedan primer. Jedan istraživač piše da je „Juda bio jedini koji je znao šta je Isusu potrebno: Da bude predat vlastima, kako bi mogao da bude ubijen i na taj način se izbavi iz privremenog zatočeništva u smrtnom telu" (Bart Ehrman, *The Lost Gospel of Judas Iscariot: A New Look at Betrayer and Betrayed*, New York: Oxford University Press, 2006, str. 172). Ovakva tvrdnja unapred pretpostavlja da su gnostici mrzeli telo i svet i smatrali ih zlom; Spasitelj, po takvoj pretpostavci, dolazi da oslobodi ljude iz zatočeništva u telu, ali i sam biva zatočen, tako da mu je potreban neko da ga izbavi (gledište koje je često korišćeno da ukaže na „spasenog Spasitelja"). U ovom slučaju, pretpostavlja se da je Juda bio taj koji je oslobodio zatočenog Isusa. Međutim, prema *Jevanđelju po Judi*, Isus nikada nije bio zatočen u smrtnom telu. Autor kaže da je, najmanje jednom u toku svoje javne službe, napustio učenike i uzdigao se da poseti nebeski svet *(Juda* 3:4) – i zaista, ne samo da je Isus, nego je i Juda sposoban da se zagleda u taj nebeski svet i da kroči u njega pre nego što obojica budu ubijeni. Kakav je, dakle, smisao izdaje ako to nije takozvano gnostičko izbavljenje iz tela? Za *Jevanđelje po Judi*, smisao je da veličanstveni život u duhu nadilazi stradanje i nasilje ovog uzburkanog sveta, i da je moguće živeti ovde i sada. Ono što shvatamo iz *Jevanđelja po Judi* jesu prava priroda Boga i sveta, šta znači biti zaista čovek, zaista božanski. Primena gnostičkog mita o iskupljenju na *Jevanđelje po Judi* izobličuje tekst i komplikuje pokušaje da se shvati kakve su opasnosti ovakvog predstavljanja Isusa i Jude.

Može se navesti sijaset primera ove vrste izobličavanja (npr, tvrdnja da Spasitelj dolazi da spase „božansku iskru" koja, po

NAPOMENE 229

prirodi, pripada izabranoj grupi ljudi nesvesnih sopstvenog moralnog života; ili da spasenje dolazi kroz *gnosu*; itd.) delimično zasnovanih na autorovom metodu. On tvrdi da tekst treba da pođe od stanovišta kojih nema u tekstu, pod pretpostavkom da su ove ideje prethodno bile poznate autoru i njegovim čitaocima (videti str. 101–102). Za potpuniju istoriju izumevanja gnosticizma, videti Karen. L. King *What Is Gnosticism?* (Cambridge, MA: Bel-knap Press, 2003.

5. Videti izvanrednu raspravu o *Jevanđelju po Judi:* Eduard Iricinschi, Lance Jenott, Philippa Townsend: „The Betrayer's Gospel" u *The New York Review of Books*, vol. 53, broj 10, 8. jun. 2006.

6. Najtoplije zahvaljujemo Krisu Vilburu za njegove uvide (forum pri Crkvi našeg Spasitelja, Arlington, Masačusets, 11. jun 2006).

7. Videti Tertulijan, *O izbegavanju progona* 3.6.

8. Ovi novi radovi obuhvataju ne samo *Jevanđelje po Judi* i novi rad, pod naslovom *Stranac (Allogenes)*, iz Čakos kodeksa, nego i radove iz Nag Hamadija, Berlinskog kodeksa, *Jevanđelje po Spasitelju* i druge.

9. Portret se oslanja na izvanrednu skorašnju raspravu o hrišćanstvu u Rimu – Peter Lampe, *From Paul to Valentinus: Christians at Rome in the First Two Centuries* (Minneapolis, MN: Fortress Press, 2003).

Prvo poglavlje
Juda: Izdajnik ili učenik ljubljeni?

1. Svi navodi iz *Biblije* potiču iz Nove pregledane standardne verzije.

2. *Protiv jeresi* 3.11.9.

3. *Protiv jeresi* 3.11.8.

4. „Druge strane", jer nije bilo samo dve strane u sporu. Irenej se više nego trudio da stvori utisak da se radilo o onima koji ispravno misle naspram svih drugih koji greše.

5. Za dalju raspravu o ovakvim stavovima hrišćanskih polemičara, videti Karen L. King, *What is Gnosticism?* (Cambridge, MA: Belknap Press, 2003), str 22–38.

6. *Protiv jeresi* 1.10.

7. *Protiv jeresi* 4.26.2–5. Za raspravu videti Elaine Pagels: *The Gnostic Gospels* (New York: Random House, 1979) str. 103–151.

8. *Protiv jeresi* 1.20.1; engl. prev. 1–3.

9. *Apokalipsa Petrova* 79.22–31.

10. Josif, *Antiquities of the Jews, Books 18–19,* prev. L. H. Feldman, Loeb Classical Library edition, vol. 9 (Cambridge, MA:. Harvard University Press, 1965), sect. 18.63.

11. Takit, Anali.

12. Origen, *Protiv Kelsa* 5.62.

13. Stručnjaci za tekst tvrde da se *Jevanđelje po Marku* završavalo sa 16:8, kada žena beži iz grobnice i ne govori ništa, jer se neke od najstarijih verzija završavaju na ovom mestu, dok su u drugim verzijama ubačeni drugačiji završeci koji se međusobno razlikuju.

14. Autor *Jevanđelja po Luki,* koji je takođe sastavio *Dela apostolska,* donosi drugačiju priču o Judinoj nesrećnoj smrti; videti *Dela* 1:18.

15. *Dela* 1:19 takođe govore o „krvnoj njivi", ali tamo se kaže da ju je Juda kupio novcem od izdaje Isusa.

16. Za raspravu i reference, videti Raymond E. Brown, *The Birth of the Messiah* (New York: Doubleday, 1993). Takođe videti Jane Schaberg, *The Illegitimacy of Jesus: A Feminist Theological Interpretation of the In fancy Narratives* (Sheffield, England: Sheffield Phoenix Press, 1995).

17. Grčki izostavlja „hleb", videti *Mt* 26:23.

NAPOMENE

18. Videti raspravu Džina Dominika Krosana u *Who Killed Jesus? Exposing the Roots of Anti-Semitism in the Gospel Story of the Death of Jesus* (San Francisco, CA: HarperSanFrancisco, 1996), str. 1–38.

19. Videti *Isa* 53:6 u grčkom prevodu poznatom kao Septuaginta.

20. Videti, na primer, raspravu Bartona Maka u *A Myth of Innocence: Mark and Christian Origins* (Philadelphia, PA: Fortress Press, 1988), naročito str. 271, 292–293, 325–331.

21. Ovo je stav iz Krosanovog rada *Who Killed Jesus?*str. 69–75. On tvrdi da je Juda bio jedan od istorijskih sledbenika Isusa koga je izdao, ali nije bio jedan od „dvanaestorice". Isto tako, izuzetno negativan portret Jude stvorili su hrišćanski autori, kao dodatak antijevrejskom tonu i polemici u priči o stradanju.

22. Za raspravu o načinu na koji svaki novozavetni jevanđelista govori o priči o stradanju u odnosu na jevrejsku zajednicu svog doba, videti Elaine Pagels, The Origin of Satan (New York: Random House, New York, 1995).

Drugo poglavlje
Juda i Dvanaestorica

1.Izvor za ovu kasniju tradiciju jeste crkveni istoričar Eusebije iz četrvtog veka (videti *Istoriju crkve* 2:1).

2. *Jevanđelje po Tomi*, 114 u Elaine Pagels, *Beyond Belief* (New York: Random House, New York, 2003).

3. Za dalju raspravu o Mariji iz Magdale u ovim izvorima, uključujući raspravu između Petra i Marije, videti Karen L. King, *The Gospel of Mary of Magdala: Jesus and the First Woman Apostle* (Santa Rosa, CA: Polebridge Press, 2003), naročito str. 83–90, 141–154.

4. Svi navodi iz *Jevanđelja po Mariji*, op. cit. *The Gospel of Mary of Magdala*.

5. O daljoj raspravi o tradicijama o Petru i Mariji u sukobu, videti Ann Graham Brock, *Mary Magdalene, the First Apostle: The Struggle for Authority* (Cambridge, MA: Harvard University Press, 2003), naročito str. 19–71.

6. Videti raspravu Dorothy A. Lee-Pollard, „Power-lessness as Power", *The Scottish Journal of Theology*, Vol. 40, 1987, 173–88.

7. Pavle i sâm, u svojim poslanicama, samo kratko izveštava o sporovima i drugim apostolim, kao u *Galatima* 1:15 i 12:2–4.

8. Irenej, *Protiv jeresi* 1. prev; 3.12.12.

9. Za više o istoriji progona hrišćana, videti W H. C. Frend, *Martyrdom and Persecution in the Early Church: A Study of a Conflict from the Maccabees to Donatus* (Grand Rapids, MI: Baker Book House, 1965).

10. Videti Terulijanov živopisan opis posledica progona, u *Scorpiace* I.

11. Tertulijan, *Apologija* 7.3–4; *Ad Nationes* 7.

12. Tertulijan, *Scropiace* I.

13. Za raspravu videti, Elaine Pagels, „Gnostic Views of Christ's Suffering: Christian Responses to Persecution?" u Yale Conference on Gnosticism, Vol. I, Bentley Layton, prir., ili za manje stručnu raspravu, videti verziju objavljenu u Elaine Pagels, *The Gnostic Gospels* (New York: Random House, 1979), str. 70–101.

14. Za primere ovakve vrste, videti Tertulijan, *O izbegavanju progona* i Ignacije, *Poslanica Rimljanima*.

15. Videti „Mučeništvo Polikarpa" u Musurillo, *The Acts of Christian Martyrs*, 3.

16. Videti „Poslanicu crkvama Liona i Vjene", u Herbert Anthony Musurillo, *The Acts of the Christian Martyrs* (Oxford, Oxford University Press, 1972), str. 62–85.

17. Mučeništvo Polikarpa, str. 2–21.
18. *Protiv jeresi* 3.18.5.
19. Jaroslav Pelikan, *Jesus Thorugh the Centuries: His Place in History and Culture* (New Haven: Yale University Press, 1999).
20. Istoričari se slažu da su Rimljani bili egzekutori, premda je moguće da su jevrejski prvaci sarađivali do izvesnog stepena.
21. Kada Tertulijan osuđuje one koji su odbili da veličaju mučeništvo, u svakom slučaju, ovo su pitanja koja, prema njemu, oni postavljaju; videti *Scorpiace* 4–8.
22. Za dalju raspravu o rimskoj religiji, videti Mary Beard, John North and Simon Price, Religions of Rome, Volume I: A History (Cambridge: Cambridge University Press, 1998), naročito. Vol. I, pp. 36–37.
23. Uporediti *Rimljanima* 5:18–21, gde se izričito ne pominje žrtvovanje.
24. Iako kasnija tradicija ponavlja ovu tvrdnju, mi nemamo rana svedočanstva kojima bismo je istorijski potvrdili.
25. „Dela Justina i prijatelja" u Musurillo, *Martyr Acts,* str. 42–61.
26. „Poslanica crkvama Liona i Vjene" u Musurillo, *Martyr Acts,* str. 81.
27. *Apologija* 50.
28. Videti *Proiv jeresi* 3.18.5; za Tertulijana, videti *Scorpiace* I.
29. Irenej, *Protiv jeresi* I, uvod.

Treće poglavlje
Žrtvovanje i život u Duhu

1. Videti *Protiv jeresi* 4.17.5–18.5.
2. Videti Tertulijanovu raspravu u *Scorpiace* I.

3. Za dalju raspravu, videti Paul S. Fiddes, *Past Event and Present Salvation: The Christian Idea of Atonement* (Louisville, KY: Westminster/John Knox Press, 1989).

4. Videti R.P.C. Hanson, „The Christian Attitude to Pagan Religions up to the Time of Constantine the Great" *Aufsteig und Niedergang der römischen Welt*, Wolfgang Haase, prir. II. Principat 23/2 (Berlin: Walter de Gruyter, 1980), str. 910–973, naročito str. 925–927.

5. *Deuteronomija* 32:17.

6. *Mudrost* 14:22–27

7. Videti, takođe, Matej 9:13; 12:7.

8. Videti raspravu Harold W. Attridge, „The Philosophical Critique of Religion Under the Early Empire" u *Aufsteig und Niedergang der römischen Welt*, Wolfgang Haas, prir. II. Principat. 16.1 (Berlin: Walter de Gruyter, 1978), str. 45–78); R. P. C. Hanson, op. cit., naročito str. 910–918.

9. *O žrtvovanju* 13, prev. A. M. Harmon, Lucian, Loeb Classical Library edition, Vol. III. [Cambridge, MA: Harvard University Press, 1921], str. 169).

10. Navodi Eusebije, *Priprema za Jevanđelje* 4.14d.

11. Videti *Natural History* 30.12, citirano iz Mary Beard, John North, and Simon Price, *Religions of Rome*, Vol. 2: A Sourcebook (Cambridge: Cambridge University Press, 1998), str. 156–160.

12. *Natural History* 30.12–13.

13. Minucije Feliks, *Oktavije* 9.5, citirano iz Mary Beard, John North and Simon Price, *Religions of Rome*. Vol. 2: A Sourcebook [Cambridge: Cambridge University Press, 1998], str. 281).

14. Iz Birger Pearson and Søren Giversen, *The Testimony of Truth*, str. 101–203 u *Nag Hammadi Codices IX and X*. (Leiden: E. J. Brill) 1981).

15. Videti *Protiv jeresi* V.2.3.

Četvrto poglavlje
Misterije carstva

1. Videti *Protiv jeresi* V.2.3.
2. Za raspravu, videti Elaine Pagels, *The Gnostic Gospels* (New York: Random House, 1979), str. 3–27.
3. *Protiv jeresi*, V.32.1; ANF I, str. 561).
4. Videti Robinson and Smith, *The Nag Hammadi Library in English* (Leiden: Brill Academic Publishers, 4th rev. ed., 1997), str. 377.
5. Ova dva rada prethodno su bila poznata iz Nag Hamadija u Egiptu, ali Čakos kodeks (TC) donosi izvesne značajne promene (videti koptski tekst, prir. Rudolf Keser i Gregor Vurst).
6. *1 Apokalipsa Jakovljeva*, NHC 31:18–22.
7. *1 Apokalipsa Jakovljeva* TC 12:3–4.
8. *1 Apokalipsa Jakovljeva* NHC 30:1-6; TC 16:15–21.
9. *Petrova poslanica Filipu*, NHC 137:21–30; TC 8:2–3.
10. Uporediti, na primer, *Efescima* 6:12: „Jer naš rat nije s krvlju i s tijelom, nego s poglavarima i vlastima, i s upraviteljima tame ovoga svijeta, s duhovima pakosti ispod neba".
12. Za nešto više o *Tajnom otkrovenju Jovanovom*, videti Karen L. King, *The Secret Revelation of John* (Cambridge: Harvard University Press, 2005).
13. U *Delima Jovanovim* 94–96.

Zaključak

1. Za raspravu o tome kako su ovi elementi bili uključeni u novozavetna jevanđelja, videti, na primer, Elaine Pagels, *The Origin of Satan* (New York: Random House, 1995).

Prevod

1:8. Uporediti *Jevanđelje po Spasitelju* 107:57–60.
3:11 „Nije od ovog carstva", prema rekonstrukciji Antii Marjanen i Ismo Dunderberg u 37:9: ⲞⲚ [ⲠⲈⲒ]ⲀⲒ[ⲞⲚ ⲀⲚ Ⲧ]Ⲉ.
4:16 Prema rekonstrukciji Irikinši, Ženo i Taunsend.
5:5 Rekonstrukcija moja.
10:10 Prema rekonstrukciji Irikinši, Ženo i Taunsend.
11:4 To jest, i množina i jednina odgovaraju tekstu.
15:12 Prema rekonstrukciji Irikinši, Ženo i Taunsend.

Komentari uz prevod

1. Veoma zanimljiv primer koji je dao Bart D. Erman, *The Orthodox Corruption of Scripture* (Oxford: Oxford University Press, 1993).
2. Naročito videti rad Denise Kimber Buell, *Why This New Race: Ethnic Reasoning in Early Christianity* (New York: Columbia University Press, 2005).
3. Videti Michael A. Williams, *The Immovable Race: A Gnostic Designation and the Theme of Stability in Late Antiquity* (Leiden: Brill Academic Pub lishers, 1985), naročito str. 14–18, 26–27.
4. U *Jevanđelju po Marku*, Isus neprestano pokušava da zataji svoj pravi identitet, ućutkujući ne samo demone koji znaju ko je on, nego i sopstvene učenike.
5. Isto tako, Levi u *Jevanđelju po Mariji* optužuje Petra da je, dok osporava istinu iz učenja Marije Magdalene, u stvari na strani njihovih neprijatelja.
6. Narod isto tako ne shvata da je Isus došao od Boga *(Jn* 7:33–34; 40–52).

NAPOMENE 237

7. Ta dalju raspravu o ovoj figuri i setijanskim gledištima na božanski svet, videti Karen L. King, *The Secret Revelation of John* (Cambridge: Harvard University Press, 2005), str. 85–88.

8. *1 Apokalipsa Jakovljeva* 40:22–26.

9. *1 Apokalipsa Jakovljeva* (TC) 27:25–28:5; 29:1–6.

10. O izvanrednom ispitivanju gledišta istopolnih odnosa u antici i hrišćanstvu, videti Bernadette J. Brooten, *Love Between Women: Early Christian Responses to Female Homoeroticism* (Chicago: University of Chicago Press, 1996).

11. Videti *Fajdon* 66–69; 83d–84b; 84e–85b.

12. Platon, *Timaj* 90a-b.

13. O izvanrednoj studiji o nebeskom Hramu i obredu prinošenja žrtvi, videti Jonathan Klawans, *Purity, Sacrifice, and the Temple: Symbolism and Supersessionism in the Study of Ancient Judaism* (Oxford: Oxford University Press, 2006), naročito str. 111–174.

14. Videti George Johnson, „For the Anti-Evolutionists, Hope in High Places" (New York Times „Week in Review," Oct. 2, 2005), str. 4; Kenneth L. Woodward, „Evolution as Zero-Sum Game" (New York Times, Oct. 1, 2005), str. A29.

15. Citirano u Johnson, „For the Evolutionists".

16. Johnson, ibid.

17. Videti Karen L. King, *What Is Gnosticism?*, str. 154–169.

18. Videti, na primer, *Tajno otkrovenje Jovanovo* 7:1–25 (BG 29:18-32; NHC II 6:10-11:2).

19. I drugi ranohrišćanski tekstovi iz Nag Hamadija i Berlinskog kodeksa, naročito *Eugnost Blaženi* i njegov paralelni tekst *Mudrost Isusa Hrista*, takođe se oslanjaju na slične brojčane opise poretka univerzuma kao Božje tvorevine.

20. Videti, na primer, raspravu pod nazivom *Epinomija* (koju su u antičko vreme pogrešno pripisivali Platonu), u kojoj se tvrdi da su život i smrt pod kontrolom brojeva, i budući da

nebeska tela uče ljude o brojevima, proučavanje astronomije je suštinsko u dostizanju mudrosti i pobožnosti.

21. *Epinomija* 978A.

22. Plutarh, *Nikija* 23.

23. Scott, *Origen and the Life of the Stars*.

24. Videti o zvezdi Maga *(Mt 2:1–12)*; pomračenje sunca u trenutku Hristove smrti *(Mt 27:45; Mk 25:33; Lk 23:44)*; znaci na nebu koji objavljuju Hristov povratak *(Mt 24:29; Mk 13:24–25; Lk 21:25)*.

25. Scott, *Origen and the Life of the Stars*.

26. Svi prevodi i naovod iz *Prve knjige Enohove* iz *The Old Testament Pseudepigrapha: Apocalyptic Literature and Testaments*, James H. Charlesworth, editor (Garden City, NY: Doubleday, 1983), str. 5–89.

27. Videti Platon, *Timaj* 27d–30b; 37d; 41c–42e.

28. Videti obimnu raspravu: Bruce J. Malina, *On the Genre and Message of Revelation: Star Visions and Sky Journeys* (Peabody, MA: Hendrickson Publishers, 1995).

29. Ovakav stav zasnovan je na izvanrednom uvidu Stefana Emela (iz neobjavljenog članka „The Presuppositions and the Purpose of the Gospel of Judas"). Najtoplije mu zahvaljujem.

30. Videti, na primer, izvanrednu studiju: Francois Bovon, *The Last Days of Jesus* (Louisville, KY: Westminster/John Knox Press, 2006).

Elejn Pejgels i Karen L. King • ČITANJE JUDE • Izdavačko preduzeće RAD Beograd, Dečanska 12 • Za izdavača SIMON SIMONOVIĆ • Lektor i korektor MIROSLAVA STOJKOVIĆ • Štampa Elvod-print, Lazarevac • Primeraka 1000

CIP – Каталогизација у публикацији
Народна библиотека Србије

27-252.2-274.2
27-312.55
27-87.4

ПЕЈГЕЛС, Елејн

Čitanje Jude : Jevanđelje po Judi i oblikovanje hrišćanstva / Elen Pejgels, Karen L. King ; s engleskog preveo Milan Miletić. - Beograd : Rad, 2007 (Lazarevac : Elvod-print). – 239 str. ; 21 cm. – (Kolekcija Pečat)

Prevod dela: Reading Judas / Elaine Pagels and Karen L. King. – Napomene: str. 227–238.

ISBN 978-86-09-00953-2

1. Кинг, Карен Л.
а) Јуда Искариот b) Јеванђеље по Јуди – Тумачење c) Гностицизам

COBISS.SR-ID 141331212

www.ingramcontent.com/pod-product-compliance
Lightning Source LLC
Chambersburg PA
CBHW062159080426
42734CB00010B/1750